LES TABLEAUX

DE

M. LE COMTE DE FORBIN.

LES TABLEAUX

DE

M. LE COMTE DE FORBIN,

OU

LA MORT DE PLINE L'ANCIEN,

ET INÈS DE CASTRO,

NOUVELLES HISTORIQUES.

PAR Mme LA COMTESSE DE GENLIS.

PARIS,

CHEZ MARADAN, LIBRAIRE,

RUE GUÉNÉGAUD, N° 9.

DE L'IMPRIMERIE DE P. DIDOT, L'AÎNÉ.

MDCCCXVII.

AVERTISSEMENT.

Le beau tableau de *l'exhumation et du couronnement d'Inès de Castro* (par M. le comte de Forbin) parut avec éclat au salon de peinture il y a quatre ou cinq ans. Ce sujet si terrible et si neuf étoit fait pour tenter également un artiste et un littérateur; et le peintre ingénieux qui l'a choisi pouvoit mieux que personne le traiter de deux manières; un double talent lui promettoit, s'il l'eût voulu, un double succès.

Le Camoëns (dans le poëme de la Lusiade) a parlé des malheurs d'Inès, mais vaguement, sans détail, sans peindre dom Pèdre, sans tracer le caractère impétueux et farouche de ce malheureux prince, qui eut en même temps une ame si sensible et si passionnée. Je l'ai peint d'après ses

actions et sa vie : c'est un portrait historique dans une nouvelle qui, à l'exception de la catastrophe qui la termine, est
tout entière d'invention.

Quant à la *Mort de Pline l'Ancien*,
c'est uniquement un morceau d'histoire
que j'ai dû réunir à Inès de Castro, puisque c'est le dernier tableau si pittoresque
de M. le comte de Forbin qui m'a donné
le desir de l'écrire. S'il y a de la vérité
dans la description de l'éruption du volcan, ce mérite est entièrement dû au
tableau, dont l'effet est si frappant que,
pour le bien décrire, il suffit de l'avoir
bien regardé.

PREMIER TABLEAU.

LA MORT DE PLINE

LE NATURALISTE.

E di mezzo l'orrore esce il diletto.

ON n'est passionné pour les beaux arts que lorsqu'ils sont portés au plus haut point de perfection, parcequ'ils ont alors des juges dont l'étonnement et l'admiration ont formé le goût, et que des chefs-d'œuvre dans tous les genres, se multipliant à-la-fois et successivement pendant un certain espace de temps, ne permettent pas à ces brillantes époques de confondre ce qui est faux ou médiocre avec des conceptions sublimes. On n'a point alors la manie des *arts ;* mais on a cette justesse d'esprit, ce sentiment délicat qui fait applaudir avec transport tout ce qui est véritablement beau. Il n'en est pas ainsi des sciences ; elles ne peuvent exciter un ardent enthousiasme que dans les siècles où elles sont à-la-fois cultivées et peu avancées, parcequ'on voit alors beaucoup de découvertes à faire. Mais, quand toutes les plus importantes sont faites, les systêmes reçus donnent à chaque science des limites qui, réelles ou fictives, refroidissent l'imagination. L'espoir d'inventer, de découvrir, de surpasser, peut inspirer une vive émulation. Les sentiments du cœur, les passions humaines et l'imitation de la nature sont inépuisables : avec de l'étude, de l'ame, et du génie, on peut se flatter d'égaler les orateurs, les poëtes, les peintres, les sculpteurs, les musiciens les plus célèbres ; mais les savants d'un ordre supérieur, et dont les découvertes pa-

roissent être les plus grandes et les plus
étonnantes que l'on puisse faire, Newton,
Copernic, Herschel, Tournefort, Lin-
née, etc. n'ont pu que décourager les
géomètres, les astronomes, les bota-
nistes ambitieux qui auroient été sus-
ceptibles d'éprouver une ardente passion
pour ces sciences et pour une éclatante
renommée. Dans le siècle où vécut Pline
l'Ancien, les sciences offroient à la curiosité et à l'amour de la gloire un champ
immense : on pouvoit en apercevoir l'é-
tendue ; mais il n'étoit pas défriché ; chacun pouvoit s'y promettre des conquêtes.
Il n'y a rien d'isolé dans la nature ; c'est
l'unité de plan et la liaison qui forment
l'harmonie et la perfection d'une œuvre
sublime. Les arts peuvent se prêter des
secours mutuels ; et de même, les sciences,
par des rapports naturels, s'éclairent
entre elles, et se perfectionnent en se

réunissant. On ne sauroit être un grand naturaliste si l'on n'est pas en même temps anatomisté, chimiste, physicien, astronome et géomètre. Les découvertes d'Hipparque, les prodiges d'Archiméde, les ouvrages d'Euclide, prouvent que les anciens ont eu les plus hautes connoissances astronomiques, et qu'ils ont connu les calculs les plus abstraits des mathématiques ; mais la physique, et sur-tout la chimie, n'ont été débrouillées et perfectionnées que par les modernes ; et ces deux sciences sont particulièrement utiles dans l'étude de l'histoire naturelle. Toute l'étude de cette dernière science, dans l'antiquité, se bornoit à observer et à recueillir des faits. Un naturaliste n'étoit alors qu'un simple narrateur, plus ou moins éclairé, et qui, communément semblable à la plupart des historiens dans un autre genre, admettoit facile-

ment les traits apocryphes et les fables
qui pouvoient donner de l'agrément à
ses récits, ou le mérite piquant de la
singularité. Pline l'Ancien n'eut point ce
caractère ; on sent la candeur et la bonne
foi jusque dans les erreurs de ses ouvrages. Il aimoit les sciences avec passion ;
sa vie entière et sa mort l'ont prouvé. Il
ne négligea jamais un moyen de s'instruire ; car, ainsi que tous les anciens
distingués par l'esprit et les lumières, il
connut tout le prix du temps ; on ne sait,
de nos jours, ni l'employer ni l'apprécier.
Il rassembla pour composer son ouvrage
sur l'histoire naturelle tous les faits con-
signés dans les livres écrits déja sur cette
matière, toutes les relations de voyageurs, et ses propres observations (1).

---

(1) Il nous apprend lui-même qu'il avoit extrait
plus de deux mille volumes ; aussi a-t-on appelé son

Quelques fables et plusieurs contes po-
pulaires se trouvent dans cette immense
collection. Mais on a reconnu, dans ces
derniers temps, qu'il y a infiniment moins
d'erreurs dans cet ouvrage que ne le
croyoient nos savants du dernier siécle.
L'orgueilleuse incrédulité de ce siécle
portoit assez généralement à nier avec
dédain, en tout genre, tout ce qu'on ne
pouvoit expliquer; et ce fut ainsi que
l'on mit alors au rang des préjugés ridicules un grand nombre de faits curieux
rapportés par Pline, et dont un examen

---

ouvrage l'*Encyclopédie des anciens*. Nous devons à
M. Gueroult une élégante traduction d'une partie
de ce prodigieux ouvrage, intitulée : *Morceaux
extraits de l'Histoire naturelle de Pline.* Cette traduction ne laisse rien à desirer pour la fidélité, le
style, le choix des morceaux; c'est l'un des meil-
leurs ouvrages qu'on ait donnés au public depuis
vingt-cinq ans, et la lecture en est aussi agréable
qu'elle est instructive.

approfondi a prouvé depuis la réalité.
Mais ce qui assurera toujours à Pline la
plus glorieuse place parmi les natura-
listes, c'est d'avoir été à-la-fois un savant
laborieux, un éloquent moraliste, et un
excellent peintre des mœurs de son
temps (1).

---

(1) Pline, dit M. de Buffon, a travaillé sur un plan
plus grand que celui d'Aristote; il a voulu tout em-
brasser..... Son *Histoire naturelle* comprend, indé-
pendamment de l'histoire des animaux, des plantes
et des minéraux, l'histoire du ciel et de la terre, la
médecine, le commerce, la navigation, l'histoire des
arts libéraux et mécaniques, l'origine des usages,
enfin toutes les sciences naturelles et tous les arts
humains. Ce qu'il y a d'étonnant, c'est que dans
chaque partie Pline est également grand; l'élévation des idées, la noblesse du style relèvent encore
sa profonde érudition; non seulement il savoit tout
ce qu'on pouvoit savoir de son temps, mais il avoit
cette facilité de penser en grand qui multiplie la
science; il avoit cette finesse de réflexion de laquelle
dépendent l'élégance et le goût. Son ouvrage est, si
l'on veut, une compilation de tout ce qui avoit été
écrit avant lui, une copie de tout ce qui avoit été

Ce grand homme naquit à Vérone d'une famille illustre ; il porta les armes avec distinction. Il fut revêtu d'emplois considérables sous des empereurs capables d'apprécier un tel mérite, Vespasien et Titus. Il n'eut jamais d'enfants ; mais il adopta son neveu, fils de sa sœur, qui prit le nom de son oncle. Ce nom, qu'il étoit si difficile de porter dignement, fut encore illustré par les talents et les vertus de Pline le Jeune. Son oncle remplit à son égard tous les devoirs d'un père ; malgré ses vastes occupations, il fut son

fait d'excellent et d'utile à savoir : mais cette copie a de si grands traits, cette compilation contient des choses rassemblées d'une manière si neuve, qu'elle est préférable à la plupart des ouvrages originaux qui traitent de la même matière. — *Histoire naturelle, premier discours.* Que cet éloge est beau par lui-même ! et combien il est digne d'admiration, quand on songe qu'il est sorti de la plume du seul rival de celui qui en est l'objet !

instituteur, et il eut la gloire de former l'esprit et le cœur de celui qui, dans sa première jeunesse, sous l'empire odieux de Domitien, eut le courage de parler en public, avec autant d'énergie que d'éloquence, contre la tyrannie, et qui répondit au sénateur qui lui disoit que par cette conduite il se rendroit redoutable aux empereurs à venir : *Tant mieux, pourvu que ce soit aux méchants empereurs* (1); de celui enfin qui par la

---

(1) Lorsque Domitien chassa de Rome tous les gens de lettres, Pline le Jeune, qui étoit préteur dans une province, accueillit et protégea tous ceux qui s'y réfugièrent. Il alla trouver Artémidore, l'un des plus célèbres d'entre eux, et qu'il ne connoissoit que de réputation, pour lui porter une somme considérable, qu'il lui donna. Dans un temps où le mérite étoit persécuté, parceque le tyran craignoit les talents et la vérité, Pline le Jeune, bravant les délateurs qui se multiplioient tous les jours, se montra constamment généreux envers les exilés, et l'ami le plus courageux et le plus fidéle. Une vertu.

suite devint l'ami de Trajan, et qui, seul entre tous les écrivains, en faisant le panégyrique d'un souverain sur le trône, a fait le morceau d'histoire le plus fidèle et le plus parfait (1).

---

si peu timide dans une cour aussi corrompue ne pouvoit manquer de lui devenir funeste; mais la mort imprévue de Domitien le mit en sûreté, ainsi que tout ce qui restoit de gens de bien à Rome. — *Vie de Pline le Jeune*, par M. de Sacy.

(1) C'étoit une ancienne coutume à Rome que le consul, à l'entrée de son consulat, proposât au sénat de décerner au prince quelque nouvel honneur; c'étoit communément ou une statue, ou un obélisque chargé d'inscriptions. Pline, élu consul, pensa que ces honneurs prodigués aux plus infames tyrans ne méritoient plus d'être offerts au souverain qui avoit obtenu, par une acclamation universelle, le beau surnom de *Très-Bon*. Ainsi Pline déclara qu'il ne lui décernoit aucun honneur, parceque ce grand prince pouvoit confier le soin de sa gloire à ses seules actions. « Mais Trajan n'y perdit rien, « dit M. de Sacy (traducteur des Lettres de Pline le « Jeune); la harangue où Pline les lui refuse a duré « plus que le marbre et que le bronze. »

Cette harangue est le panégyrique de Trajan dont on a déja parlé.

Pline le Jeune avoit dix-huit ans lorsque son oncle l'emmena à Misène où il commandoit la flotte. Là, Pline l'Ancien, partageant ses journées entre les devoirs de sa place, ceux de l'amitié et l'étude, suffisoit à tout, parcequ'il avoit de la constance dans le caractère, de la suite dans les idées, et qu'il connoissoit tout le prix des heures, des minutes, des instants, que tant d'autres perdent, sans les donner à l'amusement, et qui à la fin d'une longue vie forment des années entières. Pline se faisoit lire des ouvrages instructifs pendant ses repas : un jour, un des convives interrompit le lecteur pour faire recommencer un mot qu'il avoit mal prononcé. « Vous l'entendiez, dit Pline, « et cela suffisoit, cette interruption nous « coûte au moins deux ou trois lignes (1). »

---

(1) Lettres de Pline le Jeune.

Quand on sait employer ainsi tous les moments, on voit sans chagrin s'écouler les beaux jours de la jeunesse. Le temps a donné des trésors si précieux, il en promet encore, et toujours de si desirables que l'on ne songe guère à ce qu'il ravit. Un matin, au mois d'août, Pline l'Ancien (âgé alors de cinquante-six ans), fatigué d'une chaleur excessive, s'étoit jeté sur son lit, non pour dormir, mais pour étudier; il lisoit, lorsqu'on vint l'avertir que l'on voyoit un nuage d'une grandeur et d'une figure extraordinaire; il quitta son lit avec empressement et monta au lieu le plus élevé de la maison afin d'examiner ce phénomène. La forme de ce terrible nuage approchoit de celle d'un arbre, et particulièrement d'un pin. Il s'éleva d'abord comme un tronc d'une prodigieuse grosseur, ensuite il étendit des espèces de branches; il se peignit successivement de diverses couleurs ; et bientôt, s'élargissant avec une effrayante rapidité, il ne laissa plus voir de la voûte des cieux qu'une découpure légère, dont le brillant azur faisoit ressortir le dessin et les sombres couleurs de cet arbre à-la-fois aérien et gigantesque, formé par la fumée de soufre et de bitume du mont Vésuve embrasé. Ce prodige, qui jeta par-tout l'épouvante, n'inspira à Pline que le desir de l'examiner de plus près. D'ailleurs il vouloit aller visiter ses vaisseaux et les villages, en grand nombre, situés dans les environs sur le bord de la mer, afin de voir quels secours on pourroit leur offrir. Il commande que l'on appareille sa frégate légère ; il avoit donné un travail à faire à son neveu, ce qui l'empêcha de l'emmener avec lui. Il vouloit aussi que ce jeune homme, dont la mère malade étoit

à Misène, restât avec elle pour la soigner et la rassurer.

Comme Pline sortoit de chez lui, ses
tablettes à la main, les troupes de la
flotte qui étoit à Rétine vinrent le conjurer de leur permettre de prendre le
large en pleine mer du côté opposé au
Vésuve ; Pline répondit qu'il alloit lui-
même donner ses ordres pour la sûreté
de la flotte et des villages. Il se hâta
d'arriver au lieu où tous les habitants
fuyoient ; il ne doutoit plus alors de l'é-
ruption du Vésuve ; il connoissoit parfaitement que ce qu'on avoit pris d'abord
pour un nuage étoit un horrible tourbillon de fumée, de cendres et de pierres brûlantes et calcinées. Mais la curiosité, inspirée par l'amour de la science,
ne lui permettoit pas de songer au péril
auquel il alloit s'exposer, ou, pour mieux
dire, le danger même rendoit plus vive

son ardeur, en donnant plus de prix à
ses observations : il conserva une telle
liberté d'esprit, qu'à mesure qu'il apercevoit quelque mouvement ou quelque
figure extraordinaire dans le redoutable
tourbillon dont il se rapprochoit, il le
décrivoit sur ses tablettes. Lorsqu'il arriva près de la flotte, la cendre, plus
épaisse et plus chaude, voloit de toutes
parts sur les vaisseaux; déja tomboient
autour d'eux des pierres calcinées et
des cailloux noirs, brûlés et pulvérisés
par la violence du feu; déja le rivage
sembloit devenir inaccessible, en se cou-
vrant de morceaux de montagne arra-
chés du Vésuve et portés au loin par les
vents et l'action du feu. Les cieux étoient
entièrement voilés; mais on voyoit luire
du volcan de grandes flammes d'un rouge
et d'un violet foncé, et dont les ténèbres
augmentoient l'éclat; lueur effrayante

et sinistre qui paroissoit faite pour éclairer cette scène d'horreur. Pline, connoissant alors toute la grandeur du danger, donna ses ordres sur-le-champ pour
la sûreté de la flotte; mais il trouva dans
son cœur une raison de plus de braver
cet affreux péril; comme son pilote lui
conseilloit de se hâter de gagner la pleine
mer : *non, non*, dit-il, *la fortune favo-
rise le courage et l'amitié, tournez
vers Stabie.* C'étoit dans ce moment le
lieu le plus exposé de la côte ; mais
Pomponianus, l'ami de Pline, résidoit
dans ce bourg. Il alla le rejoindre. Pomponianus, avant de quitter sa maison,
avoit voulu sauver ses meubles, qu'il
avoit fait porter sur les vaisseaux. Mais
ensuite il ne fut plus temps de fuir,
la mer en furie ne le permettoit plus.
Pline rassura son ami par sa sécurité;
il se mit au bain, soupa tranquillement.

On sentit alors quelques secousses de
tremblement de terre; et tandis que chacun, en frémissant, exprimoit une profonde consternation, Pline, avec un visage calme et serein, s'applaudissoit de
voir réunis à-la-fois tous les phénomènes
les plus imposants de la nature. Ce qui
causoit l'effroi général n'étoit pour lui
qu'un spectacle admirable; il jouissoit
d'avance du plaisir de le décrire, il savoit
que sa plume seule en étoit capable. De
quelle sublime description son enthousiasme nous a privés !.... Pline se coucha
pour se reposer quelques heures, et il
s'endormit profondément; Pomponianus
et tous les domestiques restèrent debout:
à l'heure où devoit naitre l'aurore (car
les ténèbres durèrent trois jours), la cour
de la maison de Pomponianus se remplit
tellement de cendres, les secousses de
tremblement de terre devenoient si vio-

lentes, qu'il n'y avoit pas de temps à perdre pour sortir de la maison ; on éveilla
Pline, qui rejoignit Pomponianus et tous
ceux qui avoient veillé, et l'on alla précipitamment gagner la rase campagne ; on
prit seulement la précaution de s'enve-
lopper la tête dans des oreillers, afin de
se préserver des pierres et des cailloux
lancés par le Vésuve. L'air étoit embrasé,
et les cieux couverts d'un crêpe noir. On
ne voyoit distinctement que la montagne
formidable qui portoit la mort dans ses
flancs ! De cet immense foyer qui ne renfermoit et n'éclairoit que la destruction,
s'élançoient à-la-fois d'innombrables flammes d'une élévation prodigieuse, et des
torrents d'une lave brûlante, qui, se ré-
pandant de toutes parts, inondoient une
terre bouleversée, dont les ondulations
ressembloient aux flots agités de la mer.
Ce fleuve de feu, dans son cours ef-

frayant, produisoit plus de ravages en quelques minutes que tous les effets réunis d'un été dévorant et d'un rigoureux hiver ; il desséchoit les ruisseaux, l'herbe et les fleurs : à son approche, les arbres les plus robustes chanceloient, et, bientôt brûlés jusque dans leurs racines, tomboient dépouillés de verdure (1). Cependant Pline voulut s'approcher du Vésuve jusqu'à l'endroit où l'on pouvoit découvrir le magnifique temple de la Victoire élevé à Stabie sur le rivage. Il s'avança en effet du côté de ce superbe monument construit récemment à l'époque d'un grand triomphe national, et qui, fait pour durer des siècles, mais déja violemment ébranlé, devoit s'écrouler dans quelques heures (2)..... Pline,

____

(1) Lettre de Pline le Jeune à Tacite l'historien.
(2) Historique.

après avoir fait deux cents pas, se trouva si accablé, ainsi que tous ceux qui l'accompagnoient, qu'il fut obligé de s'arrêter là. Il se coucha sur des draps dont il fit couvrir le sable brûlant de cette rive désolée (1). Au bout de trois quarts d'heure, il fut tout-à-coup tiré d'un pénible assoupissement par une forte odeur de soufre enflammé, par des chants religieux et lamentables, et par les cris de Pomponianus qui l'appeloit. — Pline se souléve en tenant toujours ses tablettes. — Le plus étonnant spectacle s'offre à ses regards. — Le pontife et les prêtres du temple de la victoire défiloient d'un pas chancelant sur la rive, ils élevoient leurs mains tremblantes vers ce ciel irrité, où tout sembloit annoncer les vengeances célestes !

––––––––––

(1) Lettres de Pline le Jeune.

Leurs hymnes lugubres, répétées par
l'écho du rivage, n'exprimoient que l'é-
pouvante et la douleur; la flamme on-
doyante et rapide du volcan s'élançoit
jusqu'aux nuages, et sans dissiper la
noire épaisseur des ombres; elle sembloit
seulement colorer les ténèbres, en les
rendant foiblement transparentes, et en
les nuançant d'une teinte rougeâtre plus
ou moins adoucie. Les reflets effrayants
de ce feu destructeur répandus sur le
temple, les rochers, les hommes, et les
flots de la mer, donnoient à toute cette
rive bouleversée l'aspect affreux d'un
embrasement universel : dans ce tableau,
à-la-fois majestueux, éclatant et funèbre,
tout étoit d'accord; c'étoit l'harmonie terrible des enfers (1).

____

(1) Description exacte du beau tableau de *la
mort de Pline*.

Pline entend la voix de Pomponianus; il veut s'avancer vers le Vésuve, croyant se rapprocher en même temps de la formidable montagne et de son ami; mais, à peine a-t-il fait quelques pas, qu'une vapeur meurtrière le suffoque, et, noble victime de l'amour de la science et de l'amitié courageuse qui le conduisit à Stabie, il tombe, il expire!..... (1).

Pomponianus, désespéré, ne reçut dans ses bras que la dépouille mortelle de celui dont le nom ne devoit jamais périr.

Cependant Pline le Jeune, qui devoit être l'historien de cette affreuse catastrophe, étoit resté, comme nous l'avons dit, à Misène auprès de sa mère. Sa vie fut exposée aux plus grands dangers, il pensa devenir le martyr de la piété

____

(1) Lettre de Pline le Jeune à Tacite.

filiale, et il eut le bonheur et la gloire
d'en devenir le héros. Le redoublement
du tremblement de terre le força de
sortir de sa maison avec sa mère, et même de quitter la ville ; le peuple épouvanté les suivit en foule : ayant passé
les portes, et hors des murs qui s'écrou-
loient, on s'arrête sur le bord de la mer,
et là, dit Pline, nouveaux prodiges,
nouvelles frayeurs, quoique l'on fût assez
loin du Vésuve pour n'avoir rien à redouter de son éruption. On vit avec
étonnement que le rivage étoit devenu
infiniment plus spacieux; la mer renversée sur elle-même, et chassée loin de
ses bords par le tremblement de terre,
laissoit à sec une plage immense, couverte de poissons qu'elle avoit jetés sur
le sable. On ne retrouvoit aucun des
objets qu'on avoit vus la veille ; tous
étoient cachés sous des monceaux de

cendres. Une foible aurore se montroit à l'orient, à travers un brouillard jaunâtre; à l'opposite, une nuée noire et d'une largeur démesurée partageoit le ciel, et, paroissant se plonger dans les ondes, enveloppoit l'île de Caprée, et faisoit perdre de vue le promontoire de Misène. Tout-à-coup des feux percent la nue, et s'élancent de toutes parts comme de longues fusées..... Le ciel entier s'obscurcit, l'aurore s'éteint, et l'on se trouve environné des plus épaisses ténèbres.... « On n'entendit plus alors que « des cris, des plaintes et des gémisse-« ments, on ne se reconnoissoit plus qu'à « la voix; l'un appeloit son père ou son « enfant, l'autre sa femme; plusieurs, « par la crainte de la mort, invoquoient « la mort même (1). » Enfin cette pro-

____

(1) Lettres de Pline le Jeune.

fonde obscurité se dissipe un peu. Tout
le monde en profita pour s'éloigner du
rivage. La mère de Pline, accablée de
lassitude, ne pouvoit marcher, elle conjura son fils de la laisser et de prendre
la fuite; il fit son devoir et ne la quitta
pas. Pendant douze heures il crut sa mort
inévitable; mais il s'y dévouoit pour sa
mère: cette noble et touchante pensée
donnoit quelque chose d'héroïque à son
courage. Il tenoit sa mère dans ses bras,
et de temps en temps, pour la distraire
de son effroi, il la portoit et faisoit ainsi
quelques pas; quand l'épuisement de ses
forces l'obligeoit à s'arrêter, il l'appuyoit
contre son sein en lui disant tout ce
qui pouvoit ranimer en elle l'espoir qu'il
avoit perdu; et lorsque cette mère infortunée s'écrioit, en gémissant, *si nous
périssons, c'est moi qui aurai causé ta*

mort! Ah! répondoit-il, *dites plutôt qu'alors vous me donneriez la plus glorieuse immortalité.* C'est ainsi que son amour filial, en rendant sublime cette situation désespérée, l'empêchoit d'en sentir toute l'horreur. Le tremblement de terre cessa, et le soir il fut possible de rentrer sans danger à Misène. Mais chacun n'y reprit pas possession de sa maison, la plus grande partie des batiments étoit renversée. Le lendemain, Pline le Jeune apprit la mort de son oncle. Sa douleur fut extrême : il perdoit un ami, un bienfaiteur, un père; il alla sur-le-champ à Stabie, pour lui rendre les derniers devoirs. Avec quel saisissement il se trouva sur ce funeste rivage où la trace des pas de son malheureux oncle n'étoit pas encore effacée! Il jeta les yeux en frémissant sur ce temple en ruines qu'on avoit vu la veille si brillant et si neuf, mais vieilli de dix siècles en quelques heures, et dont la destruction sembloit démentir la date récente gravée sur ses murs!.... On apercevoit parmi ces tristes débris la statue colossale de la gloire, qui, renversée, mutilée, couchée sur le sable, étoit à moitié couverte de cendres et de lave! Pline soupira, il connut alors que les vanités humaines font d'inutiles efforts pour éterniser et même pour rendre durables leurs trophées les plus somptueux.

Durant cette promenade mélancolique et solitaire, Pline pleura avec une profonde amertume le grand homme dont tout lui retraçoit la fin tragique; il sentoit que son imagination étoit à jamais noircie par le souvenir de ces jours désastreux. Mais, au milieu de ces

douloureuses pensées, il goûtoit néanmoins la plus puissante de toutes les
consolations, il se rappeloit qu'il avoit
sauvé les jours de sa mère (1).

------

(1) Voyez les Lettres de Pline le Jeune.

SECOND TABLEAU.

INÈS DE CASTRO.

Toutes les passions sont en lui des fureurs.

VOLTAIRE.

Les femmes dont le cœur est sensible et l'imagination vive sont rarement de véritables moralistes avec leurs enfants, leurs pupilles, leurs élèves, alors même que leurs principes et leurs intentions sont d'une parfaite pureté; plus elles ont de charme dans le caractère, de grace dans l'esprit et de naturel, et plus communément elles sont sujettes à oublier l'austérité ou du moins la prudente retenue de la morale dans les longs entretiens où elles sont écoutées avec plaisir.

Retirée depuis vingt ans au fond d'un antique château, dans la province de

Beira en Portugal, Mélinda de Mendoce,
après avoir successivement perdu son
époux et sa fille unique, se consacroit
entièrement à l'éducation de la jeune
Inès, sa petite-fille, dont elle étoit tu-
trice. Mélinda avoit passé à la cour une
grande partie de sa vie, en y conservant
des mœurs pures et des principes qui ne
s'étoient jamais démentis : elle y avoit
eu de brillants succès par sa beauté, son
esprit et ses talents. Il y a bien peu de
femmes de soixante ans qui ne desire en
secret que l'on n'oublie pas tout-à-fait les
succès de sa jeunesse qu'elle peut se rap-
peler sans rougir. Avec de l'esprit et du
goût, les anciens militaires et les vieilles
femmes ne se vantent jamais mal-à-pro-
pos de leurs triomphes passés ; mais ils ne
laissent guère échapper une occasion d'en
parler naturellement.

Mélinda n'avoit pas été impunément

belle et spirituelle ; l'envie, la méchanceté et la calomnie avoient plus d'une
fois troublé sa tranquillité : elle connoissoit toutes les peines que peuvent faire
éprouver à une ame sensible et fière les
injustices, les animosités sans sujet, les
intrigues de la cour, et les amis légers ou
perfides. Vivement frappée des écueils qui
dans le monde environnent une jeune
personne, elle avoit un desir sincère
d'inspirer à Inès le goût de la solitude et
un grand éloignement pour le monde ;
mais, en lui peignant ses dangers, elle
lui peignoit aussi ses plaisirs. Elle avoit
beau l'assurer que le bal est fatigant, que
la représentation est ennuyeuse, qu'on
ne trouve à la cour qu'un brillant escla-
vage, Inès n'écoutoit que les descriptions
qui lui paroissoient charmantes, et que
son imagination embellissoit encore. Elle
questionnoit sa grand'mère, qui lui fai-

soit le détail des fêtes qu'elle avoit vu donner pendant quarante ans, et qui n'oublioit pas celles dont elle avoit été l'objet, ni même les parures éclatantes qu'elle y portoit. Il est vrai qu'elle terminoit toujours ces récits en assurant Inès qu'une promenade dans une prairie ou dans un bois est mille fois préférable à tous ces vains amusements. Elle avoit raison ; mais Inès avoit vu tant de prairies ! elle ne connoissoit ni la cour ni le monde : on lui répétoit que ce monde étoit tumultueux, frivole, dangereux ; ce qui, loin de l'effrayer, excitoit en elle une vive curiosité. Enfin on avouoit qu'on y trouvoit une pompe imposante, des fêtes d'une grande magnificence, une élégance séduisante, une extrême variété de plaisirs, un luxe insensé, mais éclatant; et la jeune Inès, qui ne prêtoit qu'une attention légère aux réflexions morales et aux épithétes dénigrantes, se faisoit une idée délicieuse de cette *méprisable* frivolité, de cette dissipation fatigante, et et de ce luxe *extravagant*, dont la peinture ne laissoit dans son imagination que des tableaux riants et magiques.

Inès avoit une éclatante beauté qui faisoit souvent soupirer sa grand'mère; car Mélinda ne pouvoit surmonter un sentiment pénible en pensant que cette figure ravissante ne brilleroit jamais à la cour. Mélinda avoit trop de raison pour ne pas savoir combien la beauté est un don frivole; mais cet avantage est le plus séduisant de tous. Mélinda, malgré elle, n'en étoit que trop touchée; mille fois, en regardant Inès, elle s'écria de premier mouvement : *Quel bruit feroit cette figure-là dans le monde!* Et puis elle déclamoit contre ce genre de vanité; elle disoit là-dessus d'excellentes choses, elle les pensoit. Mais elle avoit appris à Inès qu'elle avoit une beauté incomparable. Inès savoit que cette beauté, faite pour tourner toutes les têtes, produiroit à la cour la plus vive sensation; que sa grand'mère la contemploit avec délice, et qu'elle l'aimoit mieux que si elle n'eût eu qu'une figure ordinaire. Mélinda étoit bien décidée à soustraire Inès aux dangers du grand monde, et sa beauté même l'affermissoit dans cette résolution; néanmoins, lorsqu'elle fixoit les yeux sur elle, cette idée si sage l'attendrissoit douloureusement. Quelle est la femme toujours d'accord avec elle-même? Les femmes ne peuvent exciter un enthousiasme universel et subit que par la séduction de la beauté, des talents et des graces; les plus raisonnables, en dédaignant ces hommages frivoles, ne les reçoivent jamais sans quelque émotion : on leur défend l'amour de la gloire ; on ne leur enseigne communément que l'art de plaire, en leur recommandant de n'y attacher aucun prix; on a toujours avec elles tant d'inconséquences, qu'il est bien juste de leur en pardonner quelques unes. Inès tenoit de sa grand'mère d'excellents principes, et elle devoit à la nature une ame sensible, un caractère plein de candeur, et une douceur inaltérable. Elle venoit d'atteindre sa quinzième année, et Mélinda avoit déja un projet arrêté pour son établissement. Elle la destinoit, au fond de l'ame, à l'un de ses voisins, beaucoup plus âgé qu'Inès, mais jeune encore, et aussi distingué par les agréments et la solidité de son esprit que par ses vertus et l'élévation de ses sentiments. Alonzo (c'étoit son nom) avoit vu naître Inès, et le plus touchant souvenir la lui rendoit double-

ment chère : quoiqu'il n'eût que trente-
cinq ans, il n'avoit eu pendant long-temps
pour elle qu'une affection paternelle ;
mais cette tendresse si pure étoit devenue le sentiment dominant de son cœur.
Mélinda pénétra facilement tout ce qui
se passoit au fond de son ame ; la mater-
nité donne, à cet égard, plus de finesse
d'observation que n'en a jamais donné la
coquetterie. Alonzo étoit aimable ; il avoit
de la fortune, une grande naissance ; il
aimoit la solitude ; il n'alloit presque plus
à la cour, et passoit sa vie dans ses terres :
enfin il avoit dit souvent à Mélinda que s'il
se marioit il ne mèneroit jamais sa femme
à Lisbonne ; et Mélinda se décida à lui
confier le destin d'Inès. Cependant l'extrême jeunesse d'Inès paroissoit aux yeux
du sage Alonzo un grand obstacle aux
vœux secrets de son cœur ; et il n'osoit se
livrer à ses sentiments, en songeant qu'un

mariage est rarement heureux avec une telle disproportion d'âge. Il étoit dans cette pénible indécision, lorsqu'il fut obligé de faire précipitamment un voyage à Lisbonne. Il partit, et laissa un grand vide dans le château de Mélinda. Inès n'éprouvoit pour lui que l'affection qu'elle auroit eue pour un père : elle savoit qu'il avoit jadis été l'ami le plus intime du sien ; elle le révéroit, elle le trouvoit aimable ; et, quoique sa conversation, toujours instructive et solide, fût en général sérieuse, il parloit bien, et elle aimoit à l'écouter. D'ailleurs c'étoit un ami, c'étoit le seul tiers qui rompît un éternel tête-à-tête.

Alonzo revint au bout d'un mois, et fut reçu avec une joie qui le toucha vivement. On lui fit mille questions sur son voyage et sur la cour. Mélinda l'interrogea sur les gens à la mode de son temps ;

ne les ayant pas vus vieillir, leurs figures
étoient restées gravées dans son imagination telles qu'elle les avoit vues jadis :
elle étoit fort étonnée d'apprendre que
l'un étoit sourd, un autre dévot, un autre
ennuyeux et taciturne. Alonzo parla du
jeune prince royal dom Pédre, et ce fut
avec une extrême tristesse : quel malheur
pour le Portugal, dit-il, lorsque ce jeune
prince montera sur le trône ! Comment ?
dit Mélinda, vous m'aviez dit qu'il est si
brave, si généreux. Ah ! repartit Alonzo,
sans doute dom Pédre a de grandes qualités. Je l'ai vu montrer la plus brillante
valeur dans la dernière campagne, et il
n'avoit alors que dix-huit ans ; il en a
vingt aujourd'hui : il est libéral ; il a de
la franchise, de la droiture dans le caractère, et de la constance dans ses attachements ; mais en lui tout est extrême ;
sa magnificence va jusqu'à la prodigalité ;

il est impérieux, et d'une violence qu'il
porte souvent jusqu'à la fureur. On peut
à-la-fois citer de lui un nombre égal d'actions magnanimes et d'actions pleines de
férocité. Quel dommage! reprit Mélinda;
on dit d'ailleurs qu'il est si beau!.....
Mais, poursuivit-elle, une grande passion corrigeroit ses vices, et avec sa grandeur d'ame il pourroit un jour régner
avec gloire. Quelle femme, dit Alonzo,
pourroit s'attacher à un homme de cet
effrayant caractère? Eh bien, repartit
vivement Mélinda, ces caractères-là ont
souvent inspiré des attachements passionnés à des femmes sensibles et vertueuses. Nous aimons à faire des conversions..... Mais, reprit Alonzo avec un
sourire un peu amer, si l'on échoue dans
cette ambitieuse entreprise..... Il est
vrai, interrompit Mélinda, qui s'aperçut
enfin qu'Inès écoutoit cet entretien avec

avidité, il est vrai qu'il y a toujours une grande témérité dans cette espérance. Une femme véritablement raisonnable ne s'attache qu'à celui dont tous les sentiments s'accordent avec les siens, et dont elle peut admirer les actions et la conduite. Mélinda fut très satisfaite d'elle-même après avoir prononcé gravement ces paroles. Mais Inès ne l'écoutoit plus. Mélinda ignoroit que les lieux communs les plus sensés ne réparent jamais des saillies imprudentes.

Cette conversation devint pour Inès le sujet des plus dangereuses rêveries. Elle se rappeloit sur-tout que sa grand'-mère avouoit que les hommes d'un caractère impétueux, violent, emporté, *inspiroient souvent des sentiments passionnés* aux femmes *les plus vertueuses, parcequ'elles aiment à faire des conversions.* Oui, se disoit Inès, je conçois qu'en effet il est doux de s'occuper du soin de perfectionner le caractère de l'objet qu'on aime. Combien on doit s'attacher à celui qu'on a rendu meilleur!... Cette idée ne frappa que trop vivement Inès : en songeant au bonheur d'exercer un si noble empire, elle pensoit toujours à dom Pèdre; car ce prince étoit le seul homme qu'on lui eût peint sous de semblables traits, et cette image redoutable lui inspiroit plus d'étonnement et de curiosité que de frayeur. Dans les entretiens avec Alonzo, lorsqu'on parloit de la cour, Inès faisoit toujours quelques questions sur dom Pèdre; et Alonzo conta de ce prince plusieurs traits de générosité qui se gravèrent pour jamais dans la mémoire d'Inès.

Un soir, Mélinda, voulant augmenter l'estime et l'amitié d'Inès pour Alonzo, pria ce dernier de conter son histoire.

Ce récit, ajouta-t-elle, me retracera le
plus douloureux souvenir ; mais Inès est
maintenant digne de l'entendre, et je
veux qu'elle connoisse toute la délicatesse et toute la générosité de vos sentiments. A ces mots, Alonzo, cédant aux
instances réunies d'Inès et de Mélinda,
prit la parole en ces termes :

« L'imagination est sans doute l'un des
plus beaux dons de la nature ; c'est elle
qui, franchissant toutes les distances,
embrassant tous les temps, créant toutes
les fictions, sait embellir à son gré le
songe de la vie, soit en nous réunissant
par la pensée à l'objet chéri dont le sort
nous sépare, soit qu'en nous arrachant
au spectacle affreux des misères humaines
elle nous fasse rétrograder vers le passé,
pour nous offrir, au milieu d'un siècle
de fer, le tableau ravissant des jours heureux de l'âge d'or ; c'est elle qui, faisant

de l'espérance une félicité réelle, nous
donne le pouvoir et de dérober à l'avenir
les biens qu'il semble nous promettre, et
de jeter un voile épais sur tous les maux
qu'il laisse entrevoir; c'est elle enfin qui,
détachant de la terre des ames privilé-
giées, leur découvre les abymes et les
trésors de l'éternité, en les transportant,
par un élan sublime, à la source même
de la perfection, du bonheur et de la
gloire. Si la vertu n'est pas l'aliment de
ce flambeau céleste, il ne s'éteint pas,
mais il change de nature; il devient un
feu destructeur, il embrase sans éclairer,
il consume, il dévore. Quand l'imagination n'est pas réglée par la raison et la
sagesse, nous sommes toujours ou les
jouets coupables ou les victimes de son
ardeur et de ses illusions. Grace au ciel,
mon imagination ne m'a rien fait faire
de criminel; mais elle a bouleversé ma

destinée, et vous verrez qu'elle m'a causé des tourments inexprimables durant ma première jeunesse.

« Je fus élevé en province, dans ce même château voisin du vôtre, et que j'habite depuis seize ans. J'avois cinq ans lorsque je perdis ma mère. A cette époque, mon père devint le tuteur du vôtre, ma chère Inès; ce fut un dépôt que lui confia un ami en rendant le dernier soupir. Et je m'accoutumai bientôt à regarder Rodrigue de Castro comme le frère le plus chéri. Il étoit plus âgé que moi de six ans; et cette supériorité d'âge si marquée, sur-tout dans l'enfance, lui donna sur mon cœur et sur mon esprit un ascendant qu'il a toujours conservé. Il avoit un caractère obligeant et doux, une ame sensible et généreuse; je m'attachai passionnément à lui, et le temps accrut encore un sentiment fondé sur la reconnoissance; car Rodrigue fut à-la-fois le compagnon de mes jeux, l'ami le plus aimable, et mon véritable instituteur. Il m'inspira le goût de la lecture et de l'étude; c'est de lui que j'ai reçu la plus solide instruction, celle qu'on acquiert sans ennui. J'écoutois avec plaisir un maître qui, en sortant des leçons, couroit, sautoit, grimpoit sur les arbres, et jouoit avec moi.

« Lorsque j'eus atteint ma dix-huitième année, mon père me mena à Lisbonne, et me présenta à la cour; ensuite nous retournâmes dans notre solitude. Rodrigue, dans le monde depuis quatre ou cinq ans, passoit toujours avec nous une partie de la belle saison. Il vint nous rejoindre vers la fin du printemps; et je fus frappé de la profonde mélancolie que je remarquai dans tous ses entretiens, et qui paroissoit même altérer sa santé. Je

le questionnai avec tout l'intérêt de la
plus vive amitié; et il m'avoua qu'une
passion malheureuse étoit l'unique cause
de sa tristesse. Il étoit depuis trois mois
éperdument amoureux d'une jeune personne dont les parents avoient déja fixé
l'établissement avec un autre. Je lui demandai comment il avoit pu s'attacher à
une personne dont la famille avoit pris
de tels engagements. Je l'ignorois, répon-
dit-il. J'avois entendu parler de sa beauté;
j'eus la funeste curiosité de la voir. On
ne la méne point encore dans le monde;
sa mère ne reçoit point de jeunes gens,
et vit elle-même dans une grande retraite. Enfin j'appris qu'elle alloit souvent, à sept heures du matin, dans une
église près du palais; j'y allai : je la vis;
je m'agenouillai à côté d'elle; et, au pied
de l'autel où elle faisoit sa prière, je fis
le serment de renoncer à l'hymen si mes

vœux étoient rejetés.... J'ai demandé sa
main ; on a répondu qu'elle étoit promise
à un autre ; on a refusé de me voir. Je
suis sans espérance, et le plus infortuné
de tous les hommes.

« Tel fut le récit de Rodrigue. Je ne
connoissois pas l'amour ; mais je voyois
mon ami souffrant et malheureux, et ses
peines me déchiroient le cœur. Il me
confia le nom de celle qu'il aimoit ; elle
s'appeloit Antonia de Mendoce. Je me
promis d'engager mon père à faire encore en faveur de Rodrigue quelques
démarches auprès de la famille de cette
jeune personne. Le soir même de cet entretien, mon père me fit appeler dans
son cabinet. Je m'y rendis aussitôt. Je
trouvai mon père assis devant une table,
sur laquelle étoient posées des lettres ou-
vertes, qu'il venoit de recevoir et de lire.
Il avoit un air solennel qui me frappa. Il

m'ordonna de l'écouter avec attention, et me tint ce discours : Ma jeunesse s'est passée dans le célibat, et elle a été fort orageuse. Je me suis marié à quarante-huit ans, et mon mariage n'a pas été heureux. J'ai voulu que du moins la triste expérience que j'ai acquise vous fût utile. Je vous ai élevé dans la solitude, décidé à ne vous faire entrer dans le monde qu'en vous donnant une compagne aimable. Celle que je vous ai choisie est la plus belle et la plus charmante personne qui existe. Élevée à l'écart, comme vous, par la mère la plus tendre et la plus éclairée, elle ne connoît ni le monde ni les vains plaisirs de la dissipation. Sa mère vous a vu, vous lui convenez ; j'ai reçu sa parole, et j'ai donné la mienne. Cependant, forcé de revenir ici pour y terminer quelques affaires relatives à votre mariage, il a été décidé que vous

ne seriez présenté à votre future épouse
qu'à notre retour à Lisbonne. J'ai fini
tout ce que je voulois faire; nous partons
demain. Après cette explication, mon
père me dit le nom de l'épouse qu'il me
destine. A ce nom, je tressaille : c'étoit
celui de la jeune personne que Rodrigue
aimoit si passionnément, c'étoit Antonia
de Mendoce!..... Je me décidai sur-le-
champ à tout avouer à mon père. Ce
récit le surprit étrangement. Il avoit une
vive affection pour Rodrigue ; néanmoins, lorsque j'offris le sacrifice de cet
établissement, il s'y opposa avec force.
Mais je ne me rebutai point : Songez,
lui dis-je, que Rodrigue est un ami que
je dois regarder comme un frère ; si j'é-
pouse celle qu'il aime, je le perds pour
jamais, et je le regretterai toujours; il
est éperdument amoureux, et moi, je
n'ai jamais vu celle qu'il aime. Pour-

rois-je de sang froid lui ravir le bonheur de sa vie! Sa naissance est illustre, sa fortune est plus considérable que la mienne; nous avons reçu la même éducation, les mêmes principes : son père, en mourant, vous a confié le soin de sa destinée; il vous est cher; il vous sera facile de le substituer à ma place; il est beau, jeune, aimable et vertueux; son âge convient même mieux que le mien à une personne de dix-sept ans. Toutes ces raisons ébranlèrent mon père. Je redoublai mes instances avec tant de chaleur, qu'enfin il y céda. Il fut convenu qu'il partiroit seul pour Lisbonne le lendemain matin à la pointe du jour, et que, jusqu'à son retour, je cacherois à Rodrigue tout ce qui venoit de se passer entre nous. Je le promis, et je tins parole. En sortant du cabinet de mon père, j'allai m'enfermer dans ma chambre. Je voulois y penser à la félicité que je préparois à Rodrigue; ce tableau, que mon imagination se représentoit vivement, me causa plus de trouble que de joie.... Je m'étonnai de me trouver si refroidi sur le bonheur d'un ami si cher, et sur l'action généreuse que je venois de faire. Je passai une nuit remplie d'agitations; mes pensées étoient encore raisonnables, mais elles n'étoient plus d'accord avec mes impressions.... Je me levai un peu avant le jour; et, en voyant que les domestiques s'occupoient des préparatifs du départ de mon père, j'éprouvai une sensation pénible. Mon père me demanda si toutes mes réflexions étoient faites. Cette question augmenta mon trouble secret; mais je répondis d'un ton ferme que je pensois comme la veille. Quand je vis mon père monter en voiture, je sentis mon cœur se serrer, et je restai consterné. La présence de Rodrigue m'embarrassa. Il avoit entièrement ignoré le projet de mon mariage, et il n'avoit pas le moindre soupçon de ce qui se négocioit en sa faveur. Je redoutois sa conversation..... Il ne me parla que de son amour et des perfections d'Antonia, dont il ne prononçoit jamais le nom sans me causer une sorte d'anxiété, qui devint chaque jour plus douloureuse. J'écoutois avec saisissement l'éloge de cette beauté ravissante ; je ne pouvois croire que ce portrait fût embelli par l'amour, puisque mon père m'avoit dit les mêmes choses. Enfin ce langage d'un amant passionné sans espérance me faisoit connoître toute la violence d'un sentiment dont jusqu'alors je n'avois pas eu d'idée. La situation malheureuse que me dépeignoit Rodrigue n'étoit plus la sienne, quoiqu'il le crût encore ; et, quand il me

confioit ses souffrances, je croyois entendre une triste révélation de ma destinée. Je me répétois intérieurement :
Quoi ! j'ai dédaigné, j'ai refusé la main de
la plus charmante personne qui existe !
Que ferai-je désormais de cette pensée?
et comment m'y soustraire?..... Je demandai à Rodrigue si, le jour où il avoit
vu à l'église celle qu'il adoroit, il avoit
obtenu d'elle un regard. Il me répondit
qu'elle prioit avec tant de ferveur, que
rien n'auroit pu la distraire, et qu'elle
n'avoit pas même jeté les yeux sur lui.
Cette réponse me satisfit ; elle m'assuroit
que Rodrigue n'avoit pu produire la plus
légère impression sur cette jeune personne. Le tourment intérieur que j'é-
prouvois s'accrut tellement, que je frémissois en pensant au retour de mon
père. Il ne revint qu'au bout de quinze
jours. Nous allâmes à sa rencontre. J'étois

si oppressé, qu'il me fut impossible de proférer une seule parole. Mon père nous emmena dans le salon, et là, en ma présence, il conta à Rodrigue tout ce que j'avois fait pour lui, et il finit par lui annoncer que l'échange étoit accepté, qu'il épouseroit sous trois semaines l'objet d'une passion si violente, et que nous partirions le lendemain pour Lisbonne. Rodrigue éperdu se jeta dans mes bras avec un transport de joie et de reconnoissance qui suspendit quelques instants ma folie. Qui pourroit être insensible à la gratitude passionnée d'un ami, aux éloges d'un père révéré, et à la gloire de jouer un rôle véritablement généreux? Mais, quand je me retrouvai seul, je repris toute ma foiblesse. L'ivresse dans laquelle je voyois Rodrigue me donnoit l'idée d'une félicité qui séduisoit également mon cœur et mon imagination. Pour

conserver un ami, me disois-je, j'ai refusé d'unir mon sort à celui d'une personne aussi accomplie par ses sentiments,
sa modestie, ses graces, que par sa rare
beauté; et cet ami, je le perds! Puisque
je ne pourrois supporter la vue de son
bonheur et la présence de son épouse, je
dois fuir..... Je voyagerai jusqu'à ce que
j'aie recouvré la raison et la tranquillité.
Je m'arrêtai à cette résolution, et à celle
de ne point assister au mariage. J'en
trouvai un prétexte assez simple. Je dis
à Rodrigue et à mon père qu'après le
refus que j'avois fait et l'échange que
j'avois proposé, je ne pourrois paroître à
cette noce qu'avec une sorte d'embarras.
Je croyois que Rodrigue combattroit
cette idée; mais, au contraire, il en loua
la délicatesse, et l'approuva avec une
promptitude qui me blessa; car il y avoit
dans mon esprit et dans mes sensations

une étrange bizarrerie depuis que je m'a-
bandonnois en secret à tous les tourments
de la plus violente jalousie.

« Rodrigue et mon père partirent, et
je restai seul dans ce vieux château devenu désert. On étoit aux derniers jours
de l'automne ; la tristesse de la saison ne
s'accordoit que trop avec la disposition
de mon ame. Le château étoit situé sur
le bord de la mer : les orages, si fréquents
à cette époque de l'année, faisoient sur
mon esprit une impression dont rien ne
peut donner l'idée ; je croyois voir des
tempêtes pour la première fois de ma
vie ; il me sembloit que la nature entière
étoit bouleversée. Ce désordre affreux,
en me peignant celui de mes pensées et
de mes sentiments, l'augmentoit encore ;
et néanmoins un charme indéfinissable
m'attachoit à cette contemplation. J'er-
rois dans les longues galeries du château

ou dans le parc; j'écoutois avec émotion le mugissement des flots, le sifflement du vent, formant des sons aigus ou de lamentables gémissements à travers les créneaux des antiques tourelles et des vieux murs lézardés, et le bruit des feuilles desséchées tombées des arbres, que je froissois, et que je foulois aux pieds en marchant...... Je m'enivrois de tristesse, afin d'avoir le droit de me plaindre. Je me rappelois avec amertume que Rodrigue n'avoit montré ni le desir de m'emmener, ni le regret de me quitter; je l'accusois d'ingratitude...... Et, mécontent de lui, et sur-tout de moi-même, je passai huit jours dans un état inexprimable d'abattement et de mélancolie. Il me sembloit que j'étois abandonné, oublié de l'univers entier. J'avois toujours devant les yeux un objet enchanteur, une figure parfaite à laquelle mon imagination prodiguoit tous les charmes, toutes les perfections; je savois qu'elle avoit des cheveux blonds, et de grands yeux bleus et touchants, de longues paupières noires.... On m'avoit dépeint la régularité de ses traits, l'éclat de son teint, l'élégance de sa taille : je n'avois à créer que sa physionomie; je me la représentois céleste et ravissante..... Cette image divine me poursuivoit en tous lieux; et vous seule au monde, ma chère Inès, pouvez me la retracer.... Je reçus enfin des lettres de Lisbonne, qui m'apprirent que Rodrigue étoit le plus heureux de tous les hommes. Ce fut ainsi, chère Inès, que se fit le mariage de Rodrigue de Castro avec la fille unique de Mélinda, avec celle qui devoit vous donner le jour..... Rodrigue m'écrivit pour me parler avec enthousiasme de son bonheur. Cette lettre acheva d'égarer ma têtc..... Mon père me mandoit qu'un léger dérangement de santé l'obligeoit à rester encore quelques jours à Lisbonne, et qu'ensuite il viendroit me rejoindre, et passer encore avec moi six semaines dans sa terre. Mais le surlendemain je reçus un courrier qui m'annonça qu'il étoit dangereusement malade, et qu'il me demandoit. Je ne pensai plus qu'à l'aller rejoindre, et je partis sans délai. Arrivé à Lisbonne, je trouvai mon père dans l'état le plus alarmant. Rodrigue m'avoit remplacé près de lui en mon absence; il l'avoit constamment veillé. Nous ne parlâmes que de·nos inquiétudes; nous pleurâmes ensemble. Rodrigue partageoit ma douleur; et dans ces premiers moments je ne vis plus en lui que le plus tendre frère. J'exigeai qu'il allât se reposer, et je m'enfermai dans la chambre de mon père. Il passa la nuit assez tranquillement ; et le lendemain matin, les médecins le trouvant beaucoup mieux, je repris de l'espérance, et j'allai par son ordre, au déclin du jour, me jeter sur mon lit. Je n'y goûtai point le repos. Je me levai au bout de quelques heures ; il n'étoit pas encore minuit : je traversai deux antichambres et un cabinet qui précédoit la chambre de mon père, et qui dans cet instant n'étoit point encore éclairé ; mais il y avoit des lumières dans la chambre, et la porte en étoit ouverte. Lorsque je fus à la moitié du cabinet obscur que je traversois, j'aperçus sur le lambris de la porte l'ombre en profil d'une jeune personne. Je ne pouvois méconnoître ce profil, qui représentoit une figure céleste..... Au même instant j'entends une voix d'une douceur enchanteresse prononcer ces paroles : *Il est minuit.....* Je recule, en m'écriant : *C'est elle*. Et c'étoit en effet Antonia. Je retourne précipitamment dans ma chambre, en ordonnant à mes gens de dire, si l'on vient me demander, que je suis profondément endormi. Cette vision, cette ombre angélique devoient rester à jamais gravées dans ma mémoire.... Je connoissois enfin le genre de physionomie de cet objet adoré, et jusqu'alors entièrement inconnu. Elle n'étoit plus pour moi une beauté idéale : je ne l'avois vue qu'en profil ; mais il m'étoit facile de colorer cette ombre divine et de me la représenter sous tous les aspects. J'avois entendu le son mélodieux de sa voix. Mon imagination, s'arrêtant sur une image invariable, fixoit en même temps au fond de mon cœur une passion aussi bizarre que violente..... Tout-à-coup j'entendis un carrosse sortir de la maison. Je supposai que c'étoient Rodrigue et sa jeune épouse qui s'en alloient après avoir fait une visite à mon père. Je ne me trompois pas ; et, lorsque j'en eus la certitude, je retournai dans l'appartement de mon père, que je trouvai si calme, qu'il me parut être hors de danger. Je m'assis dans un fauteuil au chevet de son lit, et aussitôt je m'aperçus qu'une odeur délicieuse embaumoit ce fauteuil. . . . Ce parfum fit palpiter mon cœur ; il déceloit celle qui s'étoit assise à cette même place. . . . . Je jetai les yeux sur le lambris qui m'avoit offert son image ; je crus revoir encore cette ombre fugitive. . . . . Je l'entendois dire : *Il est minuit.* . . . . Je tombai dans une rêverie dont rien ne put me distraire pendant plus de deux heures. Enfin mon père m'en arracha, en m'ordonnant d'aller me coucher. J'obéis. Mais au milieu de la nuit on vint me réveiller. Mon père se mouroit ! . . . . Au

désespoir, j'envoyai chercher Rodrigue.
Il accourut aussitôt. Tous nos soins furent
inutiles ; deux heures après je perdis mon
vertueux père. Il expira dans nos bras,
et je n'avois que dix-huit ans!.... Rodrigue, renfermé avec moi, ne me quitta
point dans les premiers moments d'une
si juste douleur ; et, lorsque j'eus rendu
les derniers devoirs à mon père, je partis
précipitamment sans faire mes adieux à
Rodrigue ; j'allai m'ensevelir dans le château où j'avois été élevé, et de là j'écrivis
à Rodrigue que je voulois y passer quelque temps dans une retraite absolue. Je
restai trois mois dans une solitude et avec
une tristesse qui ne firent que porter au
comble la folie qui me dominoit. Je n'y
cherchai de distraction à ma douleur que
dans une passion insensée que je me plai-
sois à nourrir, à fortifier. Je versois des
larmes amères, me trouvant également à

plaindre par les sentiments de la nature,
par l'amitié, par l'amour; je me répétois
que j'étois le plus infortuné des hommes.
Je le croyois, c'étoit l'être en effet. De
bons conseils, le langage persuasif d'une
raison compatissante, des occupations
utiles, auroient pu me tirer de cet étrange
égarement; mais je cachois soigneuse-
ment ma folie; personne au monde ne
la soupçonnoit; et, pour m'y livrer tout
entier, je vivois dans une totale oisiveté.
Néanmoins je n'étois pas dans un état de
végétation; au contraire, chaque jour
ajoutoit un degré de plus à l'exaltation
de ma tête; je ne me vouois à la paresse
extérieure que pour employer toute l'activité de mon esprit, toute la force de
mon imagination à créer des chimères,
à fixer, à réaliser *une ombre*, à la parer
de tous les charmes, à lui donner une
ame...... J'allois tous les soirs à onze

heures dans le parc; là, j'attendois avec
saisissement l'heure où j'avois recueilli
ces mots, *Il est minuit,* et je croyois
les entendre répéter par cette voix harmonieuse et touchante, quand l'horloge
du château sonnoit cette heure mémo-
rable. Un soir que je m'étois enfoncé
dans une longue allée de charmille, où
je n'allois jamais, parcequ'elle étoit à
l'extrémité du parc, je me promenois
lentement, uniquement occupé d'une
seule idée. En me trouvant dans une
profonde obscurité, et voyant devant
moi, au bout de l'allée, un parterre
éclairé par la lune, je me rappelai ce
cabinet si sombre que j'avois traversé le
dernier jour de la vie de mon père, et
l'apparition de cette figure angélique
empreinte sur le lambris..... Ces souvenirs firent couler mes larmes..... J'avan-
çois toujours vers le parterre, et le doux

parfum des fleurs me rappeloit aussi celui du fauteuil..... Dans ce moment, j'entendis en tressaillant sonner minuit..... Je fais encore quelques pas. Je touche à la fin de l'allée, et tout-à-coup mon trouble devient inexprimable...... Ce n'est point une illusion, je reconnois, je vois distinctement ce profil grec, ces traits délicats, cette taille de nymphe, enfin l'ombre entière de cette ravissante figure..... Je veux me précipiter vers elle et l'atteindre; mais elle me fuit..... C'est elle; ce n'est point un prestige de mon imagination; car elle m'apparoît dans une attitude nouvelle; son corps penché s'élance en avant loin de moi pour m'éviter; un seul de ses pieds touche légèrement la terre; elle court, elle va franchir ce tapis de verdure.... Je ne puis la poursuivre; mes forces m'abandonnent, la respiration me manque, mes yeux baignés de pleurs se couvrent d'un nuage ; je tombe évanoui au pied d'un arbre..... Je restai deux heures dans cet état. Enfin la fraîcheur de la rosée me fit reprendre l'usage de mes sens. Dans ce moment, un vieux valet de chambre qui m'avoit élevé, inquiet de moi, vint me chercher ; il étoit escorté de trois ou quatre domestiques portant des flambeaux et des lanternes. On m'aida à me relever. Alors, à la clarté des flambeaux, je reconnois l'erreur qui m'avoit causé une si violente émotion : c'étoit l'ombre d'une statue d'Atalante placée au bout de la charmille, à l'entrée du parterre.... Ne me promenant jamais dans cette partie du jardin, j'avois oublié la statue, sur laquelle je n'avois jeté les yeux qu'en passant et avec distraction.....

« Cependant, ma santé s'altérant sensiblement, je me décidai à voyager, et je partis pour la France. J'y restai près d'un an, sans devenir plus calme et plus

raisonnable. Je recevois souvent des lettres de Rodrigue, et au bout de quelques
mois elles me causèrent de vives inquiétudes. Antonia, qui portoit dans son sein
un gage de leur amour, tomboit dans un
état alarmant de dépérissement et de langueur. Cette triste nouvelle m'engagea à
me rapprocher du Portugal, et peu de
temps après j'y rentrai. J'avois passé dix
mois dans les pays étrangers. J'arrivai à
Lisbonne sur la fin de septembre. J'envoyai sur-le-champ chez Rodrigue. Quel
fut mon saisissement lorsqu'on vint me
dire qu'Antonia, accouchée de la sur-
veille, étoit à toute extrémité.... » Dans
cet endroit de son récit, Alonzo s'arrêta,
en voyant couler les pleurs de Mélinda.
Il vouloit terminer là sa mélancolique
narration ; mais Mélinda le conjura de la
continuer, et il la reprit ainsi :

« J'avois si peu ma tête en entrant chez

l'infortuné Rodrigue, que, sans reconnoître ses gens, sans leur répondre, sans
me faire annoncer, je me précipitai dans
cette maison désolée..... Je franchis l'escalier, ensuite je traverse deux antichambres..... A mesure que j'avance,
mes mouvements se ralentissent, mes
jambes tremblantes fléchissent; je fré-
mis, je chancelle..... Il me semble que
mon sang glacé a cessé tout-à-coup de
circuler dans mes veines.... Je me disois
avec horreur : Que vais-je chercher? que
trouverai-je?.... Le désespoir et la mort.
Mon courage m'abandonnoit, lorsque
j'entendis des gémissements. Je reconnus
la voix du malheureux Rodrigue. Je n'eus
plus qu'un sentiment, celui d'aller pleurer et mourir avec lui..... J'entre dans
cette chambre fatale.... Le jour finissoit,
les rideaux des fenêtres étoient fermés,
et l'obscurité ne permettoit qu'à peine

de distinguer confusément les objets.... J'entrevis en frémissant que l'on entraînoit Rodrigue et Mélinda dans une autre pièce, dont la porte ouverte étoit en face de celle par laquelle je venois d'entrer. Ce groupe de personnes en pleurs étoit guidé par plusieurs domestiques. Parvenus déja dans un salon voisin, où l'on avoit porté les lumières, la chambre où j'étois n'en avoit plus..... Je veux suivre cette troupe éplorée, je veux appeler Rodrigue..... Ma voix s'éteint sur mes lèvres glacées; une puissance invisible me fixe à ma place..... Dans ce moment, tout ce qui sortoit de la chambre étant entré dans un autre appartement, on ferme la porte, et je me trouve seul, au milieu des ténèbres, dans cette étroite et lugubre enceinte qui n'étoit plus habitée que par la mort..... Cependant je rassemble mes forces; je fais en chancelant

quelques pas..... Je me heurte, et je
tombe à genoux auprès d'un lit......
Hélas! je ne pouvois ignorer que là re-
posoit, enseveli dans un sommeil éternel, l'objet le plus terrible et le plus touchant.... Mes pleurs coulèrent enfin....
Ah! m'écriai-je d'une voix étouffée par
mes sanglots, voilà donc l'horrible et le
seul tête-à-tête que le sort réservoit à
mon déplorable amour!.... O toi, dont
tous les instants d'une vie si pure ont été
perdus pour moi, tu n'as passé si rapide-
ment sur la terre que pour y laisser la
trace brillante d'une perfection divine!...
Mes tristes yeux n'ont vu que ton ombre,
mon oreille n'a recueilli qu'un seul accent de ta voix angélique, et nulle autre
harmonie ne peut pénétrer jusqu'à mon
cœur, nulle autre beauté ne peut me
toucher ou me surprendre..... et je ne
devois passer quelques minutes près de

toi qu'après avoir perdu tout espoir de t'entendre et de rencontrer un seul de tes regards.....

« En gémissant ainsi, je versois un torrent de larmes.... Dans ce moment, une porte s'ouvre, et j'aperçois, en frissonnant, un vénérable prêtre portant deux cierges allumés. Il étoit suivi de plusieurs domestiques, dont l'un, qui me connoissoit, me nomma.... Le prêtre, s'avançant gravement, posa les cierges au pied du lit..... Ce fut à cette clarté funèbre que je vis pour la première fois, parmi les ombres de la mort, l'objet infortuné de tant d'amour et de regrets..... En contemplant avec extase et stupeur cette beauté parfaite que la mort avoit respectée, je ne pleurai point sur l'horreur de lui survivre ; loin de supposer ce prodige, il me sembloit que j'allois descendre avec elle dans la tombe....

« Cependant le prêtre, s'approchant de moi, m'invita à passer dans la chambre prochaine. Je croyois ma carrière terminée. J'avois dans ma pensée renoncé à tout, même à ma volonté. J'obéis sans résistance et sans répondre. Le prêtre me suivit ; et, lorsque nous fûmes seuls dans le cabinet voisin, il m'arrêta, et me tint ce discours : L'ange que nous pleurons tous, celle dont *la main s'ouvrit toujours au pauvre*, et qui, loin de se laisser séduire par les louanges humaines, ne fit cas que du témoignage de sa conscience ; cette femme si pieuse et si pure, quelque temps avant sa mort, dont elle eut le pressentiment, me chargea, monsieur, si Dieu disposoit d'elle, de vous appeler, et de vous conjurer, au nom de la religion et de l'humanité, de ne point abandonner son mari dans les premiers moments de sa douleur, et de l'engager, si elle donnoit le jour à une fille, de confier l'éducation de cette enfant à la respectable Mélinda de Mendoce..... Oui, m'écriai-je en fondant en larmes, oui, je vivrai pour lui obéir..... A ces mots, le prêtre surpris me regarda fixement; il soupira, et, sans répondre, il me quitta. Je tombai dans un fauteuil, et je répétois avec un affreux déchirement de cœur : Elle me fit appeler! elle prononça mon nom! elle m'a donné la preuve d'une confiance intime!..... Enfin on vint me chercher de la part de Rodrigue. Je trouvai cet infortuné dans un désespoir qui suspendit en moi le sentiment de mes propres maux. Il connut facilement, en jetant les yeux sur ma figure décomposée, à quel point j'étois profondément affecté. N'attribuant qu'à mon amitié pour lui cette affliction sans bornes, il me tendit les bras. Je me précipitai sur son sein aussi oppressé que le mien. Ce ne fut pas sans quelque remords que je l'entendis m'exprimer sa reconnoissance.... Hélas! je n'avois que trop envié sa félicité. Mais combien son malheur me le rendoit cher! combien il m'eût été doux d'offrir quelque consolation à celui qu'Antonia mourante avoit confié à mes soins!..... La sympathie d'une égale douleur nous attacha l'un à l'autre plus fortement que jamais. Je ne le quittai point. Il avoit une fièvre brûlante et des convulsions qui faisoient tout craindre pour sa vie. Je passai cinq nuits au chevet de son lit. Lorsqu'il fut hors de danger, je m'établis tout-à-fait chez lui, pour le soigner dans sa convalescence. Mais son mal étoit incurable; il avoit reçu un coup mortel; nul secours humain ne pouvoit le guérir. J'allai un matin chercher son enfant, qu'il avoit jusqu'à ce moment refusé de

voir. Je pris dans mes bras cette innocente créature, dont la naissance avoit
coûté la vie à sa mère..... C'étoit vous,
ma chère Inès.... Qui pourroit dépeindre
ce que j'éprouvai en vous pressant contre
mon cœur.... ce cœur que vous deviez un
jour consoler et remplir!...» Ici Alonzo
s'attendrit, et resta quelques instants sans
parler.... Mélinda essuya les pleurs dont
son visage étoit inondé; Inès rougit, s'embarrassa, baissa les yeux; et Alonzo,
après un long silence, reprenant la parole : «Je vous portai, poursuivit-il, sur
les genoux de votre père. Votre vue le
fit tressaillir. Hélas! dit-il, comme elle
ressemble à sa mère!.... S'il m'étoit possible de vivre, je sens qu'elle pourroit
un jour adoucir la rigueur de ma funeste
destinée.... Depuis ce moment, il voulut
vous revoir tous les jours. Mais l'amour
paternel ne put affoiblir sa douleur. Il

ne pouvoit un seul instant se passer de
moi ; je pleurois avec tant d'amertume....
La compassion, l'amitié, les dernières volontés d'Antonia, m'attachoient tellement
au sort de Rodrigue, que je m'occupois
beaucoup moins de mes peines que des
siennes, et que je ne concevois plus que
je n'eusse pas été heureux de son bonheur.
Elle vivoit, me disois-je, et mon ami étoit
au comble de la félicité. Comment pouvois-je me croire le plus infortuné des
hommes ! Je n'ai jamais joui un seul instant d'une des joies les plus réelles de la
vie, celle de faire à l'amitié un sacrifice
généreux. J'ai perdu tout le fruit d'une
belle action, pour me livrer comme
un insensé à l'égarement le plus inexcu-
sable. Je suis cruellement puni d'un si
coupable égoïsme ; je gémis sous le poids
affreux d'un double malheur ; je supporte
à-la-fois des regrets déchirants et ceux de

mon ami..... C'étoit ainsi que de justes remords aggravoient encore pour moi des chagrins sans consolation.....

« Rodrigue étoit tombé dans un état de foiblesse et d'épuisement qui ne lui permettoit pas de quitter sa chambre; ce qu'on appeloit sa convalescence n'étoit qu'une maladie de langueur à laquelle il devoit succomber. Je ne le quittois que pour aller de loin en loin passer une heure ou deux avec une jeune veuve qui avoit été l'amie intime de la malheureuse Antonia. Elle se nommoit la comtesse de Nava. Son affliction vive et profonde m'attacha à elle, et gagna toute ma confiance. J'avois besoin d'ouvrir mon cœur. Un jour qu'elle m'interrogeoit avec plus d'intérêt que de coutume, je lui contai sans déguisement toute mon histoire. Pendant ce récit, l'étonnement, la pitié se peignoient successivement sur son visage; et, quand j'eus cessé de parler, elle leva les yeux au ciel, en disant : O destinée cruelle et bizarre!.... Elle fit cette acclamation avec un ton et une expression qui me frappèrent. Je la questionnai. Elle refusa de me répondre; mais son air mystérieux redoubla mon inquiétude et ma curiosité. Enfin, cédant à mes instances : Malheureux! s'écria-t-elle! Antonia vous avoit vu, vous connoissoit.... vous étiez aimé!.... Ces paroles me terrassèrent. J'étois debout, je tombai dans un fauteuil; j'y restai pétrifié, pâle, glacé, sans mouvement..... La comtesse effrayée me parloit en vain; je n'étois plus en état d'écouter.... Les mots qu'elle venoit de prononcer retentissoient à mon oreille avec un éclat foudroyant; nul autre son, nul autre bruit ne pouvoit agir sur mes organes; si la maison s'étoit écroulée, je n'aurois pu l'entendre. La

comtesse ouvrit une fenêtre, me fit respirer des sels, et je sortis par degrés de
cette affreuse stupeur. Alors, en y réfléchissant, je doutai de ce nouveau malheur, le plus grand qui pût m'accabler,
et dont néanmoins je desirois la confir-
mation. Je demandai, j'exigeai des détails,
des preuves; et la comtesse, prenant la
parole : Vous savez, dit-elle, qu'au premier voyage que vous fîtes à Lisbonne,
votre père arrêta votre mariage avec l'infortunée Antonia. Comme il restoit encore
quelques affaires à régler, il fut convenu
que, jusqu'au retour de votre père, Antonia, ainsi que vous, ignoreroit cet engagement; mais son malheur le lui fit
découvrir à l'insu de sa mère; et, pour
ne point compromettre ceux qui lui
avoient révélé ce secret, elle garda le silence, et feignit avec sa mère de n'avoir
aucun soupçon de ce qu'on vouloit lui

cacher. Durant votre séjour à Lisbonne,
votre père, ami de mes parents, vous
amena deux ou trois fois chez moi. Mélinda, dont le frère étoit ministre, sollicitoit pour moi dans ce temps une grace
de la cour, à laquelle j'attachois le plus
grand prix. Un soir, au déclin du jour,
Mélinda reçut une lettre du ministre, qui
lui apprenoit que la grace étoit accordée.
Mélinda ne pouvoit dans ce moment venir
me l'annoncer. Antonia la conjura avec
tant d'instances de la charger de cette
commission, que Mélinda y consentit,
quoiqu'elle ne laissât jamais sortir sa fille
sans elle, et qu'elle ne la menât point
dans le monde. Antonia accourut chez
moi. Elle me trouva seule; et je fus si
occupée de ce qu'elle avoit à me dire,
que je ne songeai point à faire fermer
ma porte. Au bout d'un quart d'heure,
j'entendis un carrosse entrer dans ma

cour. Je me rappelai que vous deviez
venir me faire vos adieux. Je le dis en
vous nommant. Le trouble d'Antonia fut
extrême. Je l'attribuai à l'embarras de se
trouver sans sa mère avec un jeune homme. Elle s'écria qu'elle ne vouloit même
pas vous rencontrer. Elle se précipita
vers la porte d'un cabinet, afin de sortir
par un escalier dérobé; mais cette porte
étoit fermée en dedans. Cependant nous
vous entendîmes entrer dans l'anticham-
bre. Dans cette extrémité, Antonia se jeta
dans l'embrasure d'une fenêtre, et se cacha derrière un rideau de tapisserie. Au
même moment, la porte s'ouvrit, et vous
parûtes.... Notre conversation dura plus
d'une demi-heure; vous parlâtes beaucoup de votre père, de ses vertus, de
votre attachement pour lui. Pendant ce
temps, Antonia vous voyoit et vous entendoit..... Je vous congédiai, et j'ouvris

le rideau qui cachoit la tremblante Antonia. L'excès de son émotion étoit si
visible, que je la conjurai de m'en dire
la véritable cause. Alors elle me confia
son secret ; de plus, elle m'avoua que le
choix de sa mère étoit devenu celui de
son cœur..... Ici les sanglots qui me suf-
foquoient interrompirent le récit de la
comtesse. Vous m'avez forcée, me dit-elle,
de vous révéler ce triste secret.... Ne vous
en repentez point, m'écriai-je : il est vrai,
je ne me consolerai jamais ; je n'aimerai
jamais une autre femme (je le croyois
alors) ; mais cependant l'idée que nos
ames s'entendoient n'est pas sans charme
pour moi..... N'aggravez pas vos peines,
reprit la comtesse, en vous persuadant
que ce malheureux penchant ait eu sur
sa vie une funeste influence. Elle éprouva
sans doute une vive douleur en apprenant que vous aviez cédé sa main à votre

ami ; accoutumée à l'obéissance , elle épousa Rodrigue sans explication et sans plainte : le devoir avoit tant d'empire sur son ame, Rodrigue est si vertueux, il a tant de qualités aimables , qu'elle s'attacha sincèrement à lui.

« Après cette conversation, qui venoit de mettre le comble aux tourments secrets de mon cœur, je quittai la comtesse, et je retournai chez Rodrigue. J'étois si changé, si accablé, qu'il s'aperçut de mon abattement. Il m'en demanda la raison. Je répondis avec tant d'embarras, qu'il connut bien que je ne disois pas la vérité. Il imagina que j'étois amoureux de la comtesse de Nava, et qu'elle avoit mal reçu ma déclaration. Je l'assurai qu'il se trompoit. Ensuite je ne fus pas fâché qu'il s'obstinât à conserver une erreur qui l'empêcheroit sûrement de découvrir une vérité que je voulois qu'il ignorât toujours.

« Je passai la nuit dans l'agitation la
plus douloureuse ; je me répétois toujours : Elle m'aimoit !.... et mon cœur se
brisoit.... Et, lorsque le matin Rodrigue
se réveilla, je n'avois pas encore goûté
un instant de sommeil. J'allai chez lui.
Jusque-là je n'avois pu l'entendre parler
de ses regrets qu'avec une compassion
mêlée d'envie ; je pensois qu'il avoit goûté
le bonheur d'un amour réciproque ; maintenant que je ne le croyois plus, mes
pleurs couloient toujours en l'écoutant,
mais avec moins d'amertume. Il me dit
qu'il n'avoit pas encore eu le courage
d'entrer dans un cabinet où se trouvoit
le portrait de grandeur naturelle le mieux
peint, le plus ressemblant, le plus parfait..... Allez le voir, poursuivit-il, afin
de connoître entièrement à quel point je
suis malheureux..... A ces mots, il me
donna la clef, que je reçus en frisson-

nant…. En mettant le pied dans ce fatal
cabinet, je crus descendre dans mon tombeau…. Mais que devins-je à l'aspect de
cet admirable tableau, en fixant mes yeux
baignés de larmes sur cette figure divine
pleine de vie, de fraîcheur et d'expression, sur ce visage enchanteur qui me
sourioit !..... J'avois, s'il est possible,
éprouvé dans toute mon existence un
bouleversement moins affreux en voyant
en réalité cette figure adorée couverte
des ombres de la mort ; du moins alors
tout étoit d'accord avec ma douleur et
mes funestes pensées…. Mais comment
soutenir la vue de cette beauté ravissante
dans tout l'éclat de la jeunesse, de celle
qui m'avoit aimé, que je voyois pour la
première fois parée de tous ses charmes,
et qui n'existoit plus ! Je frémissois en la
contemplant ; l'admiration n'étoit pour
moi qu'un supplice au-dessus de mon cou-

rage ; j'avois devant les yeux l'image dés-
espérante d'un bonheur suprême que j'a-
vois dédaigné, rejeté, et qui m'étoit ravi
sans retour.... On vint me tirer de cette
accablante rêverie. Rodrigue me demandoit. Nous pleurâmes ensemble tout le
reste de la journée. C'étoit l'unique consolation que je pouvois goûter et lui
offrir.

« La santé de Rodrigue ne se rétablis-
sant point, et la mienne s'affoiblissant
tous les jours, j'avois l'air de m'éteindre
avec lui. Il voulut me faire épouser la
comtesse de Nava ; mais il connut enfin
à ma résistance que je n'avois point pour
elle les sentiments qu'il avoit supposés.
Les médecins nous ordonnèrent d'aller
respirer l'air de la campagne ; Rodrigue
me dit qu'il vouloit mourir dans ma terre,
où nous avions été élevés : j'y consens, lui
répondis-je, tu y guériras, ou nous y

mourrons ensemble. A ces mots, Rodrigue, serrant ma main dans les siennes, me
montra une reconnoissance si touchante
de ce qu'il appeloit ma sublime amitié, qu'il me fut impossible de supporter
les remords que me causoit un enthousiasme que je ne méritois pas. Je lui ouvris mon cœur déchiré, rempli de tendresse pour lui, et en même temps de
regrets mortels du sacrifice qui n'avoit
pu qu'un instant faire son bonheur. A
l'exception de la confidence que j'avois
arrachée à la comtesse, je lui avouai tout.
Il m'écouta avec un profond attendrissement : Eh bien! me dit-il, ton sacrifice
a été mille fois plus généreux que je ne
pouvois l'imaginer...... Notre rivalité
est ensevelie avec elle dans la tombe;
maintenant ce malheureux amour n'est
plus qu'un sentiment sans espoir, qui
nous identifie l'un avec l'autre; nos ames

sont unies par la même douleur; nous nous plaindrons mutuellement autant que nous souffrons; et ce n'est que de cet instant que je puis dire que tu es véritablement devenu un autre moi-même..... Rodrigue parloit avec une parfaite sincérité; notre amitié réciproque s'exalta tellement qu'elle auroit pu nous consoler; mais, hélas! il portoit la mort dans son sein! il ne s'abusa point sur son état; il vous remit entre les mains de votre grand'mère, fixée dans notre voisinage, et il ne s'occupa plus que du soin de me préparer à sa perte. L'inquiétude qu'il me causoit acheva de détruire ma santé, et bientôt je parus être aussi malade que lui. Un soir, sur la fin du mois de mai, nous fîmes dans le parc une promenade plus longue qu'à l'ordinaire, nous parcourions à pas lents les lieux où nous avions passé ensemble les jours heureux

de notre enfance, en nous rappelant ce
temps où la joie et la gaieté animoient
tous les instants de notre vie ; et, en regardant nos figures décolorées et languis-
santes, nous ne pouvions nous persuader
que nous fussions encore dans l'âge le
plus brillant de la jeunesse. O mon ami,
me dit Rodrigue, comme la douleur et
les passions vieillissent, alors même qu'elles ne produisent point d'égarements cri-
minels ; tout ici nous retrace une paisible
innocence et des amusements qui me
paroissent aussi loin de nous que si nous
étions dans la décrépitude ! Oh ! qu'on a
long-temps vécu, lorsqu'on a souffert
toutes les peines de l'ame !... Et tu n'as
que vingt ans ! Un orage a flétri le printemps de ta jeunesse ; mais la raison pourroit encore te rendre de si beaux jours !....
Non, non, répondis-je ; regarde cet arbre,
les vents ont desséché ses fleurs ; il ne por-

tera point de fruits.... Comme je disois ces mots, nous nous trouvâmes en face de cette statue d'Atalante, qui avoit été pour moi la cause d'une si étrange illusion; je me rappelle ce souvenir, je tressaille, Rodrigue s'aperçoit de ce mouvement, et me questionne; alors nous nous asseyons sur un banc, en face de la sombre avenue de charmille, et je lui conte cette singulière scène. Ce récit frappa sa tête affoiblie, il m'écoutoit avec une extrême émotion; et, tout-à-coup m'interrompant, Tu te trompois, me dit-il, ce n'étoit point son ombre, elle existoit alors; mais à présent!... Jette les yeux sous l'ombrage de cette obscure allée... En disant ces paroles, il me serra fortement la main.... Le saisissement me rendit immobile et muet.... La vois-tu, la vois-tu, reprit-il d'une voix étouffée, elle s'approche, la voilà!... Dieu! quelle pâleur!... quel re-

gard!... A ces mots, agité d'horribles convulsions, il tomba presque évanoui sur
mon sein!.... J'appelai les domestiques qui
nous suivoient toujours dans nos tristes
promenades. Ils accoururent, on porta
Rodrigue dans le château, on le mit au
lit, il étoit dans un état affreux d'égarement; je me sentois moi-même si malade,
que je fis dresser un lit près du sien, et
je me couchai à côté de lui, en pensant
que nos fatales destinées se termineroient
en même temps!.... Un médecin qui nous
avoit suivis me déclara que Rodrigue étoit
dans le plus grand danger. Son délire dura
toute la nuit; enfin, aux premiers rayons
du plus funeste de mes jours, il reprit
toute sa connoissance; mais, en la conservant tout entière, il tomba quelques
heures après dans une longue agonie. Il
donna avec un courage héroïque les derniers moments de la vie la plus pure à

la religion et à l'amitié !..... Je tenois sa main défaillante dans les miennes, je souffrois avec lui, et je me croyois prêt à le suivre; je fis dire les prières des agonisants pour nous deux; j'y répondois d'une voix éteinte comme la sienne; je sentois tout ce qu'il éprouvoit; un même tombeau sembloit s'ouvrir pour nous recevoir!.... Appuyé sur un ami si cher, j'y descendois sans horreur; son oppression m'ôtoit la faculté de respirer librement ; son affoiblissement m'anéantissoit, et, lorsqu'il rendit le dernier soupir, je crus exhaler le mien; je perdis l'usage de mes sens en pressant contre mon cœur sa main immobile et glacée!.... Les soins compaïssants de la généreuse Mélinda me rappelèrent à la vie, et m'y rattachèrent. Lorsque Rodrigue vint avec moi dans mon château avec l'intention de s'y fixer, Mélinda acheta cette terre dans notre voisinage, afin de vous y élever, ma chère Inès, sous les yeux de votre père : enfin je vous vis croître, je recueillis vos premières paroles, j'admirai les progrès de votre raison et ceux de vos charmes, qui me retraçoient des traits adorés!.... Votre aimable enfance rendit à ma jeunesse de beaux jours et les plus doux sentiments!... Je reportai sur vous tout l'attachement que j'avois eu pour vos infortunés parents, je me consolai sans changer!... »

Ce fut ainsi qu'Alonzo termina sa déplorable histoire, et il vit avec une extrême émotion deux larmes s'échapper des yeux baissés d'Inès!...

Ce récit toucha profondément Inès ; mais il fit sur son cœur une impression bien différente de celle que Mélinda en avoit espérée. La confidence des malheurs d'Alonzo avoit augmenté son estime et son amitié pour lui ; mais ce qui l'avoit le plus

frappé dans cette narration, c'étoit cet
amour romanesque pour un objet inconnu. Le vertueux, le sage Alonzo étoit
la preuve qu'une telle passion pouvoit exister... Ces réflexions le ramenoient toujours
à penser à dom Pédre, à ce jeune prince
violent, impétueux, mais si beau, si brillant, et dont Mélinda assuroit que l'a-
mour corrigeroit tous les défauts.... Inès,
en s'avouant sa folie, borna cependant
ses prétentions et ses projets, comme on
le fait toujours en se livrant à de dangereuses chimères, afin d'être moins dérai-
sonnable à ses propres yeux, et d'avoir
dans sa pensée moins d'obstacles à vaincre. Elle n'aspiroit point au trône, elle
ne vouloit qu'aimer en secret, aller à la
cour, connoître dom Pédre, gagner son
cœur, lui résister, lui cacher à jamais ses
sentimens ; devenir son amie, son guide,
dompter son caractère, perfectionner ses

grandes qualités, et lui donner celles qui lui manquoient. *Quelle gloire pour elle! et quel service à rendre à sa patrie!...* Avec la tête la plus romanesque, Inès avoit des principes vertueux et une ame noble et pure. Malgré son inexpérience, elle savoit bien que la politique seule donneroit une épouse au prince de Portugal : l'idée d'une liaison criminelle lui faisoit horreur; elle se décidoit à ne jamais se marier et à se dévouer à une passion malheureuse, qu'elle cacheroit toujours avec le plus grand soin; elle formoit ce projet avec une parfaite sincérité; elle ignoroit qu'il est très possible de triompher d'une passion en la combattant de bonne foi; mais que, s'y livrer en secret, c'est y céder, et qu'alors on ne la cache point, parceque tout la trahit. Une seule chose embarrassoit Inès, c'étoit de décider Mélinda à la mener à la cour, et même à Lisbonne. Mais elle se flatta qu'à force d'y réfléchir elle en trouveroit le moyen. Les sentiments d'Alonzo lui causoient aussi une sorte d'inquiétude vague ; néanmoins elle se répétoit qu'il étoit impossible qu'il eût une grande passion pour elle ; ayant été amoureux de sa mère, il lui paroissoit vieux ; elle vouloit se persuader qu'elle ne lui inspiroit qu'une affection paternelle, et elle affecta de lui témoigner en toute occasion un respect et un attachement filial.

Cependant Inès éprouva bientôt un chagrin qui l'arracha pour long-temps à ses rêveries romanesques ; la santé de Mélinda déclinoit tous les jours d'une manière effrayante ; elle sentit elle-même le danger de son état. Elle fit avec douleur le sacrifice d'une vie qui pouvoit être utile encore à sa petite-fille ; mais elle se consoloit en pensant qu'elle laisseroit cette enfant chérie sous la garde et sous la protection du sensible et vertueux Alonzo. Elle eut avec lui une longue explication, dans laquelle Alonzo lui avoua les sentiments qu'il avoit pour Inès. En même temps, il la conjura de n'en point parler à Inès. Elle n'a pas dix-sept ans, lui dit-il; je veux lui donner le temps de connoître son cœur. Eh quoi! reprit Mélinda, pouvez-vous douter d'une préférence que vous obtiendriez sûrement, quand vous auriez des rivaux. Inès n'a vu que vous, vous êtes le seul homme sur lequel ses regards se soient attachés.... —Elle n'ignore pas qu'il en existe d'autres, et plus jeunes et plus brillants. — Elle est si naïve! songez donc qu'elle n'a pas même entrevu le monde.... — Hélas! oui, j'y songe! — Comment! vous en êtes fâché? — Vous lui avez parlé du monde, et souvent, sans vous en douter, avec tant de charmes! J'aimerois mieux qu'elle l'eût vu quelquefois. Dans les choses dangereuses, je crains sur-tout les rêves de l'imagination! Le doux enchantement des pensées vagues, l'idée d'une félicité et d'une perfection idéale produisirent jadis tous les malheurs de ma jeunesse.... — Je lui ai peint avec tant d'énergie tous les dangers du monde..... — L'histoire des naufrages a-t-elle jamais empêché les voyageurs de se livrer à la merci des flots! La jeunesse est hasardeuse, les écueils ne l'effraient guère, rien ne lui déplaît que l'insipidité ; on ne sent le prix du calme qu'après avoir été battu de la tempête! — Soyez tranquille, mon cher Alonzo; toutes les pensées d'Inès me sont connues; elle n'a ni une imagination vive, ni une tête romanesque; et elle sera toujours, sans effort, aussi raisonnable qu'elle est charmante. Mélinda parloit ainsi avec une parfaite conviction. Et voilà comme en général les mères connoissent les jeunes personnes de quinze ou seize ans!

Quelques jours après cet entretien, Mélinda se trouva si mal qu'elle fut obligée de se mettre au lit, et bientôt on désespéra de sa vie. Alors, en présence d'Alonzo, elle demanda à Inès de lui promettre de donner sa main à cet ami, si digne de son estime et de son affection. Inès à genoux, et baignée de larmes, alloit, sans hésiter, accorder à sa grand'mère mourante cette dernière satisfaction; mais Alonzo, prenant la parole, Non, non, dit-il, ne lui arrachons point un serment peut-être imprudent à son âge, mais recevez celui de mon cœur... O respectable Mélinda, si le ciel nous accable du plus grand des malheurs, si nous vous perdons, je jure à vos pieds de consacrer ma vie à cette enfant chérie; si je ne deviens pas son époux, je serai son guide, son tuteur et son père. A ces mots, Mélinda attendrie prit la main d'Alonzo, qu'elle mit dans celle d'Inès, elle se pencha vers eux, les bénit, et, laissant retomber sa tête sur son oreiller, elle ferma pour jamais les yeux ; peu de minutes après elle expira.

On trouva un testament dans lequel Mélinda nommoit Alonzo son exécuteur testamentaire et tuteur d'Inès. Alonzo se hâta d'arracher Inès d'un séjour où tout irritoit sa profonde douleur. Il la conduisit dans son château, où se trouvoit dans ce moment une de ses parentes, qui devoit y passer cinq ou six mois. Amalia de Nugnès (on appeloit ainsi cette parente) étoit une personne de trente-deux ans, que le manque de fortune et d'agréments personnels avoit empêchée de se marier. Elle en avoit enfin perdu l'es-

pérance; mais elle conservoit celle d'obtenir une place de fille d'honneur de la
reine , seconde épouse d'Alphonse sur-
nommé le Justicier , et belle - mère du
prince royal. Amalia, par sa naissance,
pouvoit être présentée à la cour; elle n'y
avoit paru que pour constater le droit
d'y aller, mais il lui en restoit le desir
passionné d'y avoir une place. Elle avoit
toujours échoué dans toutes ses démarches à cet égard; la reine vouloit avoir
une cour brillante, et n'y admettoit que
des personnes distinguées par leur élégance ou leur beauté. Amalia avoit ce
mauvais air que donne toujours dans le
monde le dénûment de fortune, à moins
qu'il ne soit racheté par des agréments
personnels et par le charme de l'esprit et
des talents : une grande naissance étoit
aux yeux d'Amalia le premier de tous
les avantages; et, comme elle en avoit une

illustre, elle ne concevoit pas qu'on eût
pu lui préférer des personnes dont les fa-
milles étoient inférieures à la sienne. Elle
se flattoit toujours que l'on finiroit par
la dédommager de ce qu'elle appeloit une
incompréhensible injustice. Avec cette
haute idée des prérogatives de la noblesse,
elle pensoit que dans cette classe on ne
pouvoit exister qu'à la cour, et que par-
tout ailleurs on végétoit hors de sa place;
enfin la cour étoit pour elle ce qu'est la
patrie pour tous les hommes. Alonzo
connoissoit très peu Amalia; elle étoit
du nombre de ces heureuses personnes
que dans le monde on ne juge point,
parcequ'on ne prend jamais la peine de
les étudier, et que, par l'insipidité de leur
esprit et de leur caractère, elles sont à
l'abri de toute malignité. Alonzo n'avoit
voulu avoir pour Inès qu'une compagne
d'un âge mûr, afin de pouvoir avec dé-

cence lui faire passer dans son château
tout le temps de son deuil ; persuadé
qu'Amalia étoit une bonne personne, sans
ambition, sans prétentions, il avoit cru
faire un excellent choix, il se trompoit.
Lorsque la violente douleur d'Inès fut un
peu calmée, Amalia acheva d'égarer l'i-
magination d'une enfant que l'inexpérience mettoit hors d'état de sentir ses
ridicules. Comme Amalia admiroit en
général tous les princes, elle lui parla de
dom Pèdre avec enthousiasme ; elle avoit
d'ailleurs un puissant motif de s'intéresser
à ce jeune prince, car un jour, dans une
cérémonie publique, il l'avoit fait placer
d'une manière convenable à son rang ;
aussi assura-t-elle qu'il avoit toutes les
vertus desirables dans l'héritier du trône.
Quelques questions hasardées en rougissant et avec une extrême timidité l'engagèrent facilement à faire le portrait le

plus détaillé de la figure de dom Pédre. Inès apprit qu'il avoit de grands yeux noirs pleins de feu et d'expression, des dents d'un éclat éblouissant, une taille admirable, *le port, le maintien et les manières du maître du monde.* Amalia avoit entendu ces paroles à jamais mémorables sortir de sa bouche : *Mademoiselle Amalia de Nugnès doit être placée sur la ligne des filles d'honneur!* et elle assuroit, dans la sincérité de son ame, qu'il avoit *un son de voix enchanteur!*

Enfin Amalia vanta avec la même vivacité les pompes de la cour et le bonheur d'y être attaché. Il y avoit dans toutes ces peintures la plus grossière exagération ; mais elles n'en étoient pas moins dangereuses. Inès, en se les rappelant, se disoit : Ce n'est pas sa manière de conter sans esprit et sans grace qui peut faire illusion ; mais les choses qu'elle décrit sont si ravissantes, que, retracées ainsi sans aucun art, elles charment par elles-mêmes.

Bientôt Amalia, ravie de se voir écoutée avec tant de plaisir, fit de profondes réflexions sur la jeunesse, la beauté, la naissance d'Inès, et sur le parti qu'elle pourroit tirer de sa confiance. Il étoit bien facile de placer Inès à la cour : Amalia n'y avoit point d'amis ; Inès pouvoit devenir une puissante protectrice.... Depuis ce trait de lumière, Amalia, avec un art dont les femmes les moins spirituelles ont toujours le secret, mit tous ses soins à flatter Inès, à lui persuader qu'elle joueroit le rôle le plus brillant à la cour, qu'elle y effaceroit tout ce qu'on y admiroit, et enfin à lui inspirer le desir d'y paroître. Elle croyoit ne séduire que la vanité d'Inès ; mais en même temps de tels discours n'agissoient que trop sur son cœur. Et Inès prit enfin la résolution de sortir de son heureuse obscurité et d'abandonner sa paisible solitude. Alonzo, vaguement inquiet de ses sentiments, n'avoit aucun soupçon de ses desseins. Il la voyoit rêveuse, préoccupée ; mais il attribuoit sa distraction et sa mélancolie aux regrets si naturels que lui causoit la perte de sa grand'mère. Il laissa écouler ainsi cinq ou six mois sans lui parler de son amour et de ses espérances. Au bout de ce temps, le jour même où Inès venoit d'atteindre sa dix-septième année, il la conduisit dans le parc (on étoit au commencement du printemps) : là, s'asseyant avec elle sur un banc de verdure, il prit la parole avec une vive émotion, et lui tint ce discours : Jusqu'ici, ma chère Inès, j'ai par mon silence respecté votre juste douleur. ... Je vous ai laissé le temps de réfléchir mûrement à votre situation.... Maintenant il faut, pour votre bonheur, et par conséquent pour le mien, que je connoisse parfaitement vos projets et votre décision..... Vous savez quels ont été les derniers vœux de celle que nous pleurons, et mon cœur les formoit avec elle au moment même où je vous empê-chai de les exaucer par un serment invio-lable.... Jouissez pleinement de la liberté que j'ai voulu vous conserver. Parlez avec assurance et sans déguisement ; qu'atten-dez-vous de moi? que voulez-vous? Parlez.

Quoique Inès eût prévu cette embarras-sante explication, et qu'elle s'y fût pré-parée, elle demeura quelques minutes sans répondre. La reconnoissance et la plus tendre amitié, tout, jusqu'au sou-venir de sa grand'mère, combattoit au fond de son ame de folles idées et d'im-prudents projets.....

Cependant, en hésitant, et quoique ses résolutions fussent ébranlées, elle voulut être sincère; et, poussant un profond soupir : C'est à vous, dit-elle, à fixer ma destinée.... Une volonté sacrée pour moi vous en a rendu l'arbitre.... et vous pouvez compter sur mon obéissance. Mais je ne vous dissimulerai point que, malgré ma profonde estime et mon tendre attachement pour vous, j'ai de l'éloignement pour le mariage, et qu'une curiosité peut-être imprudente, et que je n'ai pu vaincre jusqu'ici, m'inspire le desir de voir, de connoître le monde et la cour.... et, s'il m'étoit permis de disposer de moi-même, je solliciterois une place auprès de la reine.... En même temps, je suis prête à vous sacrifier mon goût et ma volonté : si vous desirez ma main, elle est à vous; si vous ne voulez pas que je quitte cette solitude, j'y resterai sans résistance. Prononcez. A ces mots, Alonzo, glacé, confondu, regarda fixement Inès en silence; ensuite, levant les yeux au ciel : Grand Dieu ! s'écria-t-il, est-ce la petite-fille, l'élève de la sage Mélinda que je viens d'entendre ?.... Quoi ! sans aucune idée du monde, et sans vous mettre sous la sauvegarde d'un époux, vous voulez, à dix-sept ans, vous aller jeter dans le tourbillon de la cour !.... Cette espèce de reproche blessa Inès. C'est une grande maladresse de choquer la vanité quand on pourroit toucher le cœur. Alonzo auroit tout obtenu de la sensibilité d'Inès : il fit dans cette occasion une faute irréparable ; mais jusqu'alors il n'avoit aimé qu'une ombre, qu'un être à moitié créé par son imagination ; il ne connoissoit pas les femmes ; il ignoroit que non seulement il est possible qu'un profond attendrissement les ramène tout-à-coup dans les routes du devoir, mais qu'il peut aussi les y entraîner avec enthousiasme... Inès refroidie s'affermit dans ses premières résolutions; et le dépit lui donnant du courage: Je suis sûre, dit-elle, que, par la pureté de mes sentiments et de ma conduite, je me rendrai digne de l'éducation que j'ai reçue.... D'ailleurs je ne serai point sans guide à la cour; les filles d'honneur ont une gouvernante, et elles ont dans la reine un juge imposant de toutes leurs actions. Enfin, comme ma naissance me donne le droit d'aller à la cour, je desire en profiter; et, puisque vous n'y mettez point d'obstacle, je vous conjure de faire à ce sujet les démarches nécessaires. A cette déclaration si ferme, si sèche et si précise, Alonzo, blessé à son tour, et profondément affligé, se leva en disant: Je vous le répéte, vous êtes maîtresse de votre sort; mais mon devoir est de vous représenter tous les inconvénients du parti que vous voulez prendre ; ensuite j'agirai comme vous le prescrirez.

Ainsi se termina ce triste entretien, qui bouleversa la destinée du malheureux Alonzo. Il alla s'enfermer dans sa chambre, et, tombant sur une chaise : Oui, dit-il, je suis né pour souffrir.... Ingrate Inès ! que de peines tu me prépares !.... N'importe, je veillerai sans espérance sur ton orageux avenir ; je l'ai promis..... Mon sort, dans tous les temps, est de m'immoler pour ce que j'aime....

Alonzo écrivit à Inès une longue lettre, dans laquelle il combattit son projet par les raisonnements les plus sages. Il finissoit par la conjurer d'y réfléchir encore un mois. Toutes les représentations furent inutiles. Inès avoit déclaré avec fermeté ses sentiments ; d'ailleurs elle étoit encouragée en secret par les pernicieux conseils d'Amalia. Elle persista, et Alonzo désespéré partit pour Lisbonne, afin d'y aller solliciter la place qu'elle desiroit avec tant d'ardeur. Inès, ne voulant point se séparer d'Amalia, resta dans le château d'Alonzo. Il fut décidé qu'elle y attendroit son retour.

Inès alloit quelquefois avec Amalia se promener aux environs du château. Un jour, assise à côté d'elle au bord d'une fontaine, sous un ombrage épais, elle parloit de Lisbonne, et elle oublioit l'heure. La fontaine étoit située à cinquante pas d'un chemin de traverse qui aboutissoit à la grande route. Tout-à-coup on entend dans l'éloignement un bruit de chevaux et de voitures. Ce ne pouvoit être Alonzo, qui ne devoit revenir que dans quinze jours.... On écoute.... On distingue que beaucoup de chevaux, qu'un grand train s'avance.... Le prince royal, s'écrie Ama-

lia, voyage en ce moment dans les provinces..... Si c'étoit lui..... A ce nom,
Inès tressaille...... Amalia lui propose
d'aller du côté du grand chemin. Un
sentiment de modestie et de dignité empêcha Inès d'accepter cette proposition;
elle resta en soupirant à sa place.....
Mais avec quelle attention elle écoute!
et chaque mouvement de la voiture, qui
s'approche, accélère celui des battements
de son cœur..... Enfin on entend avec
surprise que la voiture passe dans le chemin de traverse.... Inès, de premier mouvement, se lève avec précipitation, écarte
les feuillages qui la couvrent, jette les
yeux sur le chemin, et c'est au moment
même où la voiture, passant dans une
profonde ornière, chancelle, tombe et se
renverse avec un horrible fracas.... Inès,
saisie d'effroi, s'appuie sur le bras d'A-
malia. Elle étoit prête à s'évanouir, lors-

que ces terribles paroles frappèrent son oreille : *Ah! monseigneur, ne me tuez pas....* Misérable! répond une voix foudroyante.... ne t'avois-je pas défendu de quitter la grande route? Tu mourras!... A ces mots, Inès s'élance dans le chemin, en s'écriant : *Grace! grace!....* Un jeune homme furieux, qui venoit de sortir de la voiture renversée, et de mettre l'épée à la main, alloit atteindre le postillon et l'immoler à sa colère, lorsqu'il entendit les doux accents de cette voix touchante qui sembloit venir du ciel..... Il se retourne avec saisissement, et il reste en extase à l'aspect de cette figure céleste, à genoux, les mains jointes, répétant toujours : *Grace! grace!* et à dix pas de lui. Dom Pèdre (car c'étoit lui-même) court avec impétuosité vers Inès ; il met un genou en terre devant elle pour l'aider à se relever ; ensuite il brise à ses pieds le fer qui a pu l'effrayer. Au même instant, se retournant vers le postillon, il tire de sa poche une bourse pleine d'or, et, la lui jetant, Prends cet or, lui dit-il ; je veux que tu bénisses à jamais l'ange qui t'a sauvé : tous les ans, jusqu'à la fin de ta vie, tu recevras, à pareil jour, une somme égale à celle que contient cette bourse.... Ces paroles transportèrent Inès d'admiration et de reconnoissance ; et, comme elle balbutioit un remerciement, elle s'aperçut que le prince étoit tout couvert de sang. Amalia, que la frayeur avoit empêchée de s'approcher, accourut quand elle entendit des paroles de paix. Elle s'apprêtoit à présenter Inès au prince, et avec autant de solennité que si elle eût été dans le palais de Lisbonne, lorsque, affoibli par le sang qu'il perdoit et par les violentes émotions qu'il venoit d'éprouver, il perdit subitement l'usage de ses

sens. Les gens de sa suite le reçurent
dans leurs bras. Amalia proposa sur-le-
champ de le transporter au château ; ce
qui fut accepté. La tremblante Inès,
inondée de larmes, appuyée sur Amalia,
les suivit tristement..... Amalia, faisant
avec emphase les honneurs du château
d'Alonzo, son parent, établit le prince
dans le bel appartement, et c'étoit celui
d'Inès, dont elle disposa avec autorité,
sans même demander son consentement.
Il y avoit dans ce château, comme dans
tous ceux de ce temps, un chirurgien
attaché à la maison, et qui fut appelé à
l'instant. Dom Pédre, posé sur un lit, reprit sa connoissance, et fut étrangement
surpris de se trouver dans un grand appartement inconnu.... Garcias, un seigneur de la cour de dom Pédre, qui le
suivoit toujours dans ses voyages, lui
apprit qu'il étoit chez Alonzo, absent

dans ce moment, et que les deux dames qu'il avoit vues sur le chemin étoient l'une la jeune Inès, pupille d'Alonzo, et l'autre Amalia de Nugnès. Dom Pèdre soupira ; il serra fortement la main de Garcias, son ami, en disant : Garcias, je vous parlerai ce soir..... Cependant le chirurgien visita les plaies de dom Pèdre. Ce prince en avoit deux à la cuisse, faites par les glaces brisées de la voiture ; en outre, il avoit l'épaule gauche démise. Le chirurgien étoit habile ; il fit avec succès tout ce qu'exigeoit l'état du prince, et il assura qu'il n'avoit besoin que de repos pour guérir promptement.

Inès, depuis l'arrivée du prince, retirée dans le logement d'Amalia, attendoit en tremblant la décision du médecin ; elle pleuroit en liberté ; elle étoit seule, car Amélia, pénétrée de l'importance de son rôle dans ce jour solennel, parcouroit le château pour donner une multitude d'ordres, presque tous inutiles, et souvent contradictoires ; elle fatiguoit et occupoit tous les domestiques ; mais elle s'épargnoit si peu elle-même, que l'on ne pouvoit équitablement se plaindre du bouleversement général qu'elle causoit dans la maison. Cependant le prince, s'étant fait mettre sur un canapé, renvoya tout le monde, à l'exception de Garcias, son favori.

Garcias n'avoit ni un grand caractère ni une foiblesse méprisable : quoiqu'il fût incapable de faire ou d'approuver une mauvaise action, et de flatter avec bassesse ou avec un dessein coupable, il manquoit de forces en mille occasions, non par défaut de lumières, mais par égoïsme ; il vouloit bien, pour donner un avis utile, risquer de déplaire au prince, il n'avoit jamais le courage de s'exposer à l'irriter ; il y avoit plus de rectitude dans ses jugements que dans ses actions, et moins de délicatesse dans sa conscience que dans ses principes ; il étoit vertueux avec tiédeur, souvent avec quelques restrictions ; il avoit de l'esprit, des penchants honnêtes, des opinions raisonnables, mais une ame commune.

Dom Pèdre parla d'Inès à Garcias, et ce fut avec enthousiasme ; il le chargea de prendre des informations sur elle : Garcias répondit froidement à cette espèce de confidence, sans avoir l'air de croire que le prince y attachât un grand intérêt. Au milieu de cet entretien, on vint demander Garcias de la part d'Amalia, pour savoir des nouvelles du prince. Garcias rappelle à dom Pèdre qu'il avoit vu deux ou trois fois Amalia à la cour, et dom Pèdre la fit inviter à venir recevoir ses remerciements. Amalia, au com-

ble de ses vœux, arriva sur-le-champ, et
à peine étoit-elle assise, qu'elle lui demanda la permission de lui présenter *Inès
de Castro, digne d'un tel honneur par
sa naissance*. Après cette phrase, Amalia alloit entrer dans quelques détails gé-
néalogiques sur la famille illustre de Castro ; elle n'auroit pas laissé ignorer au
prince que la trisaïeule d'Inès avoit eu la
gloire de s'unir à un prince du sang royal ;
mais dom Pédre l'interrompit pour l'assurer qu'il verroit Inès avec le plus grand
plaisir. Amalia le remercia, comme si
cette faveur n'eût été accordée avec tant
d'empressement et avec un ton si affable qu'en considération de l'intérêt
qu'elle y mettoit. Elle alla chercher Inès.
Cette dernière, embellie encore par son
trouble et par sa timidité, acheva d'en-
flammer la plus ardente imagination et
de toucher un cœur qui n'avoit jamais

véritablement aimé, et qui étoit suscep-
tible d'éprouver la plus violente passion.
Amalia, durant cet entretien, apprit au
prince qu'Inès sollicitoit une place auprès
de la reine. Dom Pédre, enchanté de cette
découverte, répondit avec feu qu'elle l'obtiendroit sûrement : Amalia crut devoir
le remercier ; en même temps, elle fit
entendre qu'elle desiroit aussi, et avec
passion, une place semblable pour elle-
même, et dom Pédre n'hésita point à lui
promettre de la demander ; il ajouta qu'a-
près la manière dont on avoit rempli envers lui dans ce château les devoirs de l'hos-
pitalité, il étoit impossible qu'on le refu-
sât. La joie d'Amalia fut extrême ; et, comme elle ne se lassoit point de l'exprimer, et
que dom Pédre l'écoutoit avec distraction,
Inès se leva pour terminer et la conversation et la visite : en prenant congé du
prince, elle s'approcha de lui en rougissant.

et lui présentant une clef : Seigneur, lui
dit-elle, vos gens ont fait demander la
clef du grand coffre d'ébène, placé dans
cette chambre pour y déposer vos porte-
feuilles, voilà cette clef; oserois-je vous
supplier, seigneur, de me permettre de
prendre dans ce coffre, en y remettant
la clef, des papiers très importants pour
moi, qui m'appartiennent.... A ces mots,
dom Pédre, la regardant fixement, Ce sont
donc madame, lui dit-il, des papiers de
famille?.... Non, seigneur, répondit Inès
en baissant les yeux ; ces papiers n'in-
téressent que moi.... — Que peuvent-ils
donc contenir?... — Tous mes secrets.....
— Vos secrets! ce sont donc ceux de votre
cœur.... vous n'en pouvez avoir d'autres.... confiez - les - moi, madame....
Oh! ciel, s'écria Inès, non jamais.... Ces
paroles, prononcées de premier mouvement, blessèrent profondément l'impé-

rieux dom Pédre, et surprirent Amalia et Garcias, qui, debout, écoutoient ce dialogue. Amalia sur-tout fut scandalisée, et même effrayée de cette hardiesse; elle se hâta d'assurer le prince qu'Inès, en y réfléchissant, sentiroit tout le prix d'une telle bonté. Dom Pédre reprenant la parole, et s'adressant à Inès : Je devine facilement ce secret, dit-il; vous aimez.... et quelque obstacle s'oppose à votre bonheur..... Je ne veux que vous servir, je m'y engage, recevez-en ma parole..... Réfléchissez-y, madame; je ne suis pas du moins un confident à dédaigner..... Emportez cette clef; allez, demain vous me répondrez. A ces mots, Inès, tremblante, intimidée, ne répliqua rien; elle fit une profonde révérence, et se hâta de se retirer, avec Amalia, qui se promit bien de lui reprocher l'imprudence de sa conduite, et ce qu'elle appeloit son ingratitude pour un prince héritier du trône de Portugal.

Dom Pédre, se retrouvant seul avec Garcias, ne se contraignit plus : Quoi! s'écria-t-il, à son âge avoir déja disposé de son cœur! et dans cette solitude qu'elle n'a jamais quittée!.... car il est évident, d'après sa rougeur et son mortel embarras, que ses papiers, auxquels elle attache tant d'importance, ne sont autre chose que des lettres d'amour qu'elle aura reçues furtivement!.... En effet, dit Garcias, on voit clairement qu'elle veut cacher une intrigue d'amour, opposée sans doute aux vues de son tuteur.... Mais, seigneur, que vous importe!... Que m'importe, reprit dom Pédre; ne voyez-vous pas que je suis éperdument amoureux; ce n'est point une fantaisie, un sentiment vulgaire, c'est une passion violente, irrésistible, et que rien n'arrachera de mon cœur : si le sien s'est donné, je veux, aux dépens de tout le bonheur de ma vie, la protéger, la servir, surmonter tous les obstacles qui l'affligent, et l'unir à ce qu'elle aime. Je serai capable de me sacrifier pour elle ; mais je ne puis supporter l'idée de rester pour jamais étranger à sa destinée ; il faut que je sois désormais son persécuteur, son ravisseur peut-être, ou son confident et son bienfaiteur.

Dom Pèdre s'exprimoit avec une véhémence qui ne fit que trop connoître à Garcias toute la violence de sa passion ; cependant il savoit que ce prince impétueux avoit un caractère rempli de grandeur et de générosité ; en même temps Garcias ne doutoit pas qu'Inès n'eût un attachement secret ; il étoit certain que le prince tiendroit ses promesses ; ainsi il pensa qu'un aveu sincère d'Inès mettroit

fin, sans danger, à toute cette aventure.
Dans cette idée, il se chargea sans résistance, et même avec plaisir, de parler
à Inès, comme le desiroit le prince, et en
effet, dès le lendemain matin, il eut dans
le parc un long entretien avec Inès. Il
lui dit que dom Pédre, vivement touché
des soins dont il étoit l'objet, vouloit absolument assurer l'existence et le bonheur des deux personnes qui lui avoient
rendu un si grand service; qu'il devinoit
facilement que dans les papiers qu'Inès
redemandoit se trouvoient exprimés tous
les vœux secrets de son cœur, et que,
puisqu'elle en faisoit un mystère, ces
vœux étoient contrariés; que le prince
vouloit les connoître, pour aplanir toutes les difficultés; qu'enfin il lui demandoit une entière confiance, c'est-à-dire
la communication de ses papiers; qu'il
donnoit sa parole, et que cette parole étoit

inviolable, qu'après cette preuve touchante d'estime il entreroit dans toutes ses vues, et deviendroit son protecteur le plus ardent et le plus zélé. Inès s'étoit flattée que cette fantaisie du prince passeroit avec un instant de réflexion; mais elle étoit loin de se faire une idée de l'étonnante bizarrerie de son caractère. Sa surprise et son embarras furent extrêmes: décidée à ne pas laisser voir ses papiers, elle déclara nettement qu'elle ne pouvoit les montrer. Quelque chose qu'ils puissent contenir, reprit Garcias, n'hésitez pas, madame, à satisfaire le prince à cet égard. Il est généreux, il est magnanime; mais il y a de la singularité dans son caractère; et, quand il vous offre son crédit, toute sa protection, il ne supporteroit pas le refus d'une marque de confiance..... Au nom du ciel, ne l'irritez pas....—Mais le secret que je veux cacher est une folie

que rien ne peut guérir, un malheur
auquel nulle protection ne peut remé-
dier.... — Ce secret est un amour sans
espérance ?...... — Vous l'avez deviné.
— Eh quoi ! celui que vous aimez est
donc engagé..... — Non, il est libre ;
mais.... — Dès qu'il est libre, tout peut
s'arranger. Je vous en conjure pour votre
repos, confiez tout au prince.... — Je
ne le puis. — Vous vous perdrez.... — Je
veux ravoir mes papiers ; j'aime mieux
mille fois déplaire au prince que les laisser entre ses mains.... — Je vous le ré-
pète, vous vous perdrez. — Comment !
que puis-je craindre ? — Tout. Il sera
furieux, et capable de se porter aux dernières extrémités.... — Grand Dieu ! que
dois-je faire ?.... — Ce qu'il desire. —
Quelle tyrannie !.... Il m'est impossible
d'y céder..... — Puisqu'il faut tout vous
révéler pour vous décider, sachez donc,

madame, que le prince a conçu pour vous
la plus violente passion. — Il m'aime?…
— Il vous adore ; et, si vous lui ravissez la
gloire de vous faire un éclatant sacrifice,
il lui faudra une vengeance….. — Il
m'aime! En êtes-vous bien sûr?…. — Je
n'en puis douter. — Vous l'a-t-il dit? —
Oui, madame. Mais ne craignez point
son amour, si vous lui montrez une confiance sans réserve. Sa grande ame mettra
sa félicité dans la vôtre ; il s'immolera pour
vous avec transport. Il deviendra le bienfaiteur de son rival ; il fera sa fortune, s'il
n'en a point ; il le comblera d'honneurs ; il
obtiendra le consentement de ses parents,
et celui de votre tuteur ; il vous conduira
tous les deux à l'autel, et ensuite il ne
vous reverra jamais. Voilà ses projets ;
voilà de quoi il est capable…. — O généreux prince!…. — Mais si vous l'irritez
par un refus injurieux, il ne se connoîtra

plus ; il sera terrible dans son désespoir.....
— Hélas ! quel parti prendre ?..... En
disant ces mots, Inès tomba sur un banc ;
un ruisseau de larmes inonda son visage.
Garcias, qui ne pouvoit imaginer combien sa situation étoit embarrassante et
cruelle, tâchoit vainement de l'encoura-
ger ; elle ne lui répondoit plus, et elle
employoit tout son esprit et toute son
imagination à chercher un moyen d'é-
chapper au danger pressant qui la me-
naçoit. Elle n'en trouva qu'un seul. Il
demandoit le plus douloureux, le plus
grand de tous les sacrifices, et elle se
promit d'y recourir, si le ciel ne lui en
offroit point d'autre. Eh bien, dit-elle
enfin à Garcias, je laisserai ces papiers
entre les mains du prince, et je lui dirai
moi-même aujourd'hui à quelle condi-
tion. Garcias, satisfait d'une telle pro-
messe, alla porter cette réponse à dom

Pédre, qui attendit avec une impatience inexprimable l'entrevue dans laquelle on devoit lui confier ce précieux dépôt, et lui expliquer la mystérieuse restriction que l'on mettoit à cette faveur. Dom Pédre, quoiqu'il eût beaucoup de peine à marcher, étoit levé et debout, lorsqu'enfin on lui annonça Inès et Amalia. Il s'avança vers elles; et, Inès prenant aussitôt la parole : Seigneur, lui dit-elle, je viens vous prouver combien je suis reconnoissante de la générosité de vos intentions, en vous donnant une marque de confiance que je n'accorderois à qui que ce soit au monde. Vos bontés, Seigneur, ne peuvent changer mon sort; mais il m'est doux de vous en témoigner ma profonde sensibilité. En disant ces paroles, Inès s'approcha du coffre d'ébène; elle l'ouvrit, et elle en tira une liasse de papiers, enveloppée dans une feuille de parchemin blanc, nouée avec un simple ruban, et non cachetée. Voilà, seigneur, dit-elle, ces papiers auxquels j'attache un si grand prix. Soyez-en le dépositaire; je vous conjure seulement de n'ouvrir ce paquet que dans quinze mois : au bout de ce temps, vous serez maître de tout lire; et ce qu'il contient sera alors aussi peu connu, aussi secret, que dans ce moment. Daignez me promettre que vous ne lirez point ces papiers avant l'expiration du terme que j'indique, et ils sont à vous..... A ces mots, dom Pèdre étonné réfléchit un moment; ensuite il répondit qu'il la remercioit, qu'il étoit vivement touché de cette preuve d'estime, qu'il se soumettoit à tout ce qu'elle exigeoit, qu'il donnoit sa parole de n'ouvrir ce paquet que dans quinze mois. Il finit en la priant de cacheter cette liasse de papiers. Non, seigneur, dit Inès, votre parole me suffit; je n'ai pas besoin d'autres sûretés. Cette candeur et cette noble confiance attendrirent dom Pèdre, et le transportèrent d'admiration et de reconnoissance : cependant il insista sur cette précaution ; et, en présence d'Inès, il cacheta sur-le-champ le paquet avec le plus grand soin. Ainsi, madame, reprit-il, je ne saurai donc que dans quinze mois tout ce qui vous intéresse. Ce terme est bien long..... Croyez du moins que ce n'est point une vaine curiosité qui m'a fait agir, mais que je suis animé du desir passionné de vous servir; et, puisque votre situation sera la même dans quinze mois, je me flatte toujours, quoi que vous en puissiez penser, qu'il me sera possible alors de vous prouver mon zéle et mon dévouement d'une manière utile à vos intérêts. Inès s'inclina respectueusement, et ne répondit rien.

Amalia, persuadée que le secret d'Inès n'étoit qu'un pur enfantillage, prit la parole pour faire là-dessus quelques plaisanteries que personne n'écouta, et qu'Inès termina en se retirant. Lorsqu'elles furent sorties, dom Pédre, tenant encore le paquet de papiers qu'on venoit de lui confier, le regarda en soupirant. Que ne donnerois-je pas, dit-il, pour connoître tout ce que contient cette enveloppe! Mais elle est sacrée pour moi; ces cachets ne seront brisés qu'à l'époque prescrite..... Garcias, elle vous a dit qu'elle aimoit? —Oui, seigneur, et vous devez bien penser que tout ce mystère ne peut cacher qu'un secret d'amour.... — Cet heureux rival, que je le hais!... — Seigneur, vous avez pris l'engagement solennel de le protéger..... — Oui, de tout faire, de tout sacrifier pour le bonheur d'Inès. Mais si elle changeoit!.... En y réfléchissant, je

ne suis pas fâché de ne devenir son confident que dans quinze mois. D'ici là, son
cœur peut-être recevra d'autres impressions..... Quel est donc cet objet qu'elle
aime?.... Seroit-ce le sévère et sauvage
Alonzo, son tuteur?..... — En effet,
Alonzo est aimable, elle ne connoît que
lui..... — Il faut donc supposer qu'il est
insensible à tant de charmes. Est-ce une
chose possible?.... — L'austère sagesse
d'Alonzo l'a toujours préservé de l'empire
des passions. On sait d'ailleurs qu'il est
décidé à ne jamais se marier; on croit
même qu'il en a fait le vœu; et, quand il
n'auroit pas pris cette résolution, il n'é-
pouseroit certainement qu'une personne
d'un âge parfaitement assorti au sien.
— Oui, je n'en doute pas, c'est Alonzo
qu'elle aime ou qu'elle croit aimer; elle
n'a vu que lui, et son innocence peut si
facilement confondre l'estime et l'amitié

avec l'amour! Elle va venir à la cour; là, je la verrai sans cesse, et..... — Mais, seigneur, quel est votre dessein?..... — De fixer mon imagination qui me dévore, de donner à ma vie un charme, un intérêt qui lui manque, à mes actions un but qui les ennoblisse; enfin d'adoucir mon humeur, mes mœurs, mon caractère, en m'attachant à un être angélique plein de candeur, de douceur, d'innocence et de sensibilité.... — Songez-vous, seigneur, au trouble, au désordre affreux que votre amour pourroit répandre sur sa vie?..... — Soyez sûr, Garcias, que je ne serai point un vil corrupteur; je ne veux ni la tromper, ni la séduire. C'est elle qui pourra tout sur moi. J'ai besoin de confier ma destinée; je sens trop combien elle seroit orageuse et peut-être coupable, si j'en disposois seul. Nulle force humaine ne pourroit dominer ma vo-

lonté ; mais je puis la sacrifier volontai-
rement. Que je trouverois de douceur à
n'être plus gouverné par des desirs vagues
et tumultueux, à m'affranchir de l'effort si
souvent infructueux d'y résister, ou du repentir amer d'y avoir cédé ! Dès le premier
moment où mes yeux, pour la première
fois, se sont arrêtés sur cet objet enchanteur, n'a-t-elle pas pris sur moi cet empire
salutaire ?..... J'étois entraîné par une
aveugle fureur ; j'allois tuer un homme ;
un seul mot d'Inès a dissipé ma colère, a
désarmé mon bras..... C'est cette voix si
pure qui pourroit me donner des lois su-
prêmes, c'est ce regard céleste qui portera toujours à-la-fois dans mon ame un
calme délicieux, et tout l'enthousiasme
que peuvent inspirer les vertus géné-
reuses. — Mais l'objet d'une telle affection paroîtra sans doute dangereux ; on
voudra l'éloigner de la cour..... — Vous

croyez, je l'espère, que je saurois défendre ce que j'aime. — Qu'opposer à une
autorité souveraine? — Dans ce cas, on
la renverse, où l'on périt. — Dom Pédre
prononça ces paroles avec une voix si
menaçante, ses yeux étoient si étincelants, et son regard si terrible, que Garcias n'osa répliquer. Le prince garda
quelques minutes un farouche silence ;
ensuite il changea d'entretien.

Dom Pédre, décidé à partir le lendemain, vouloit absolument, avant de quitter Inès, s'entretenir sans témoins avec
elle.

Il semble qu'il y ait dans l'amour une
intelligence mystérieuse qui prévoit, qui
devine, et qui fait qu'on se rencontre sans
se donner de rendez-vous. Un même sentiment produit les mêmes idées. Dom
Pédre pensa qu'Inès retourneroit dans
les jardins. Inès imagina qu'on pourroit

bien encore lui envoyer un message ; et, aussitôt après le dîner, se débarrassant d'Amalia, elle descendit dans le parc, mais sans s'éloigner du château. Elle marchoit lentement. A la vue des fenêtres de l'appartement de dom Pèdre, elle ne se promenoit pas, elle se montroit ; c'étoit appeler..... On l'entendit. Tout-à-coup, en se retournant, elle aperçut dom Pèdre à vingt pas d'elle. A son aspect, elle fut plus émue que surprise ; son cœur en secret l'attendoit. La rougeur sur le front et les yeux baissés, elle s'avança vers le prince, dont la marche étoit chancelante, car il souffroit beaucoup de ses blessures. Inès lui offrit un bras tremblant, qu'il accepta d'un air attendri. Inès le conduisit en silence dans une allée où se trouvoit un grand banc de marbre, sur lequel le prince invita Inès à s'asseoir à côté de lui. Inès obéit, sans oser proférer une seule parole. J'ai desiré, madame, lui dit-il, m'entretenir avec vous sans contrainte avant de quitter ce château, d'où j'emporterai de si chers souvenirs.... mais j'ai besoin d'être rassuré sur ceux que je vous laisse..... Hélas! nous nous sommes apparus l'un à l'autre sous des traits si différents!.... En jetant pour la première fois les yeux sur vous, j'ai vu un ange envoyé du ciel..... En m'apercevant avec épouvante, vous n'avez pu voir en moi qu'un forcené, qu'un homicide!..... Dans ce premier moment, je n'ai pu exciter que votre effroi, votre indignation, votre haine, et vous méritiez mon admiration, ma reconnoissance, mon amour.... Vous m'avez épargné un crime, et par conséquent un remords éternel. Quel bienfait!.... Je brûle du desir de m'acquitter envers vous; et c'est à ce sentiment que vous devez attribuer

l'espéce de violence que j'ai employée
pour obtenir la confidence de tous vos
secrets.... Vous voir un sort heureux est
devenu le premier vœu de mon cœur; le
second seroit de contribuer à vous l'assurer. Je n'ose en former un autre.....
Du moins, dites-moi, madame, que vous
ne dédaignez point mon amitié, et que
vous m'accordez la vôtre.... Ah, seigneur!
répondit Inès, si vous lisiez dans mon
ame.... vous y verriez des sentiments....
qu'il m'est impossible d'exprimer.... Ces
paroles furent prononcées avec un accent
si naïf et si tendre, que dom Pèdre n'auroit pas douté de son bonheur, s'il n'eût
pas été persuadé qu'Inès nourrissoit en
secret un autre sentiment. Cependant
cette réponse le charma. Eh! pourquoi
donc, madame, reprit-il, cette ame si
pure et si sensible a-t-elle encore tant de
réserve avec moi?.... — Seigneur, vous

saurez tout dans quelques mois, et vous connoîtrez alors avec surprise que toutes vos conjectures sont fausses..... — Mais vous avez positivement avoué à Garcias que vous aviez une passion malheureuse?.... — Seigneur.... pour me débarrasser de questions importunes, je lui ai laissé croire ce qu'il imaginoit deviner. — Qu'entends-je, ô ciel!.... votre cœur seroit libre!..... — Vous m'avez promis de ne point m'interroger..... — Votre cœur seroit libre!...... — Ce triste cœur n'est connu de personne au monde..... ses sentiments et ses peines ne sont exprimés que dans les écrits que je vous ai confiés.... — Dans quel étonnement vous me jetez!.... Quoi! vous souffrez, et l'amour n'est pas la cause de vos chagrins?... — Souvenez-vous, seigneur, que je ne m'explique point; je dis seulement que ni vous, ni qui que ce soit dans

l'univers ne peut deviner mon secret, et
que toutes vos suppositions ne sauroient
vous faire entrevoir la vérité..... — Ah!
j'espère que vous vous abusez vous-même
sur votre situation; vous avez si peu d'expérience..... Vous persistez à ne me déclarer votre secret qu'à cette époque éloignée que vous avez fixée, et je ne puis
vous cacher le mien.... Ces papiers, qui
sont, dites-vous, ce que vous possédez de
plus précieux, vous les avez remis entre
mes mains, et moi je dépose ma destinée
dans les vôtres.... — Quoi! seigneur....
— Oui, je ne veux plus être responsable
de mes actions; c'est vous qui les dirigerez....Je vous sacrifie les plus impérieuses
volontés, heureux de me soumettre à un
joug que l'amour seul pouvoit m'impo-
ser!.... Aimé ou non, je me dévoue à
vous servir, à vous obéir : vous pouvez
faire la félicité de ma vie; mais du moins

vous en ferez toujours la gloire, alors même que vous ne pourriez partager cette ardente passion qui ne finira qu'avec ma vie. Vous dompterez mon caractère, vous m'inspirerez des actions héroïques ; un seul mot de votre bouche me donnera la force de les exécuter ; vous ranimerez dans mon ame la flamme généreuse de la vertu : ce feu sacré, entretenu par vous, ne pourra ni s'éteindre, ni s'affoiblir, et je jouirai avec ivresse de ma renommée ; elle sera votre ouvrage. Adieu, madame... Nous nous reverrons bientôt à Lisbonne... Pensez au bien que vous pouvez me faire, et à tout ce que j'attends de vous. A ces mots, le prince se léve ; il tressaille en voyant un déluge de pleurs inonder les joues d'Inès. Il saisit sa main, la presse dans les siennes avec transport.... Allez, seigneur, dit Inès, allez, et croyez que je justifierai l'estime dont vous daignez

m'honorer, puisqu'elle doit m'élever au-
dessus de moi-même. En disant ces paroles, Inès se hâta d'essuyer ses larmes.
O jour le plus beau de ma vie! s'écria
dom Pédre, jour où je me suis donné à
vous!... N'oubliez jamais que ce dévouement fut si pur et si passionné qu'il n'eut
pas besoin d'espérance..... Dans ce moment, Amalia et Garcias parurent de loin
au bout de l'allée. Inès ne songea plus
qu'à dissimuler son trouble; elle conjura
le prince de cacher le sien, et tous les deux
allèrent rejoindre Amalia. Cette dernière
dit à dom Pédre que les personnes les
plus considérables du voisinage étoient
rassemblées dans le salon, dans l'espoir
de l'entrevoir un moment. Inès parut dé-
sirer que le prince reçût avec bonté ces
hommages. Aussitôt dom Pédre, saisissant
avec ardeur la première occasion de lui
obéir, se rendit dans le salon. Il y fut

aimable, comme on l'est toujours lorsque le desir de plaire vient du cœur. Une
foule de paysans remplissoit les cours. Il
alla se montrer à cette multitude avide
de le voir; il leur fit distribuer de l'argent
avec profusion; il porta au comble l'i-
vresse de l'enthousiasme. On entendoit
de toutes parts dans le salon répéter ses
louanges; et, dans les cours et les jardins,
les acclamations les plus bruyantes célé-
broient à l'envi sa magnificence et sa
bonté. Au milieu de tout ce tumulte,
l'heureuse Inès n'osoit ni parler ni lever
les yeux, dans la crainte de trahir son
invincible attendrissement. Sur le soir,
dom Pèdre s'approcha d'elle, et lui dit :
Que tous ces éloges me touchent! C'est à
vous qu'ils sont dus..... Inès rougit en
baissant les yeux ; un seul regard eût
dans cet instant éclairé dom Pèdre et
dévoilé tous ses secrets.

Le prince remit à Inès la clef du coffre d'ébène, en lui disant : Cette clef renfermoit vos secrets, et maintenant elle renferme le mien. A ces mots, il s'éloigna d'elle avec précipitation. Il partit le lendemain matin à la pointe du jour. Aussitôt qu'Inès fut réveillée, elle se rendit dans cet appartement, qui étoit le sien, et que dom Pèdre venoit de quitter. Avec quelle émotion elle se retrouva dans ce logement qu'il avoit habité ! avec quel trouble elle s'approcha du coffre d'ébène et l'ouvrit !.... Un papier frappe sa vue ; elle le saisit d'une main tremblante ; elle le déploie, et lit ce qui suit :

« Je pars.... N'oubliez pas celui qui ne « veut plus vivre que pour vous et dans « votre souvenir.... celui qui va vous at- « tendre avec toute l'agitation d'une im- « patience dévorante.... Vous n'avez pas « seulement ranimé mon existence, vous

« me l'avez donnée. Avant de vous avoir
« vue, je n'éprouvois qu'une inquiétude
« turbulente; je ne concevois ni le but
« de la vie, ni l'espérance du bonheur...
« Oh! comment alors, n'attachant de prix
« à rien, n'aimant rien, mon cœur a-t-il
« pu battre avec violence! comment mon
« sang pouvoit-il s'allumer et bouillonner
« dans mes veines!.... Je vous attendois:
« cette ame brûlante ne pouvoit suppor-
« ter l'accablante insipidité de l'indiffé-
« rence; elle plaçoit son inutile énergie
« dans des emportements qui alloient
« souvent jusqu'à la férocité; et main-
« tenant cette énergie se portera tout
« entière vers un seul objet..... vous la
« dirigerez, vous la purifierez..... Je me
« console de n'avoir rien fait de bien
« avant de vous connoître, afin de ne
« devoir qu'à vous tout ce qui peut en-
« noblir et illustrer la vie. Venez, venez

« promptement. Sans la certitude de vous
« revoir bientôt, comment pourrois-je
« vous dire adieu!....

Dom PÈDRE, prince de Portugal.

Inès relut mille fois cette lettre, elle
la baigna de larmes, elle la cacha dans
son sein, et, la pressant contre son cœur,
Elle restera là, dit-elle, jusqu'à mon dernier soupir....

Inès se trouvoit dans un état inexprimable d'irrésolutions douloureuses, d'inquiétudes déchirantes, et cependant une
joie insensée concentrée au fond de son
ame y dominoit sur tout autre sentiment;
elle n'avoit rien encore à se reprocher;
elle aimoit, elle étoit aimée..... Elle se
livroit à toutes les illusions dont la trompeuse espérance entoure une passion
naissante qu'un devoir absolu ne con-
damne pas; une partie des plus sédui-

santes chimères formées par son imagination étoit déja réalisée. Dom Pèdre l'a-
doroit, et vouloit suivre ses conseils; mais
elle avoit juré de lui cacher ses sentiments, et de n'être jamais que son amie,
puisqu'un lien sacré ne pouvoit les unir;
et elle tressailloit, en songeant que cet
important secret étoit entre ses mains....
Dans l'égarement de ses rêveries, lorsque
sur les récits d'Alonzo son imagination
s'enflammoit pour dom Pèdre, elle avoit
eu l'imprudente folie d'écrire ses pensées
et d'exalter ses sentiments en les décri-
vant, et mille fois le nom de dom Pèdre
se trouvoit tracé dans ces écrits.....

La violence de dom Pèdre l'avoit forcée
de lui remettre ces dangereux papiers,
et, dans le premier moment de son embarras, elle s'étoit promis en secret de
n'aller à Lisbonne que pour s'y mettre
dans un couvent, pour y prendre le voile,

et y prononcer des vœux irrévocables à la
fin de l'année, afin que le prince, qui ne
pouvoit ouvrir le fatal paquet qu'au bout
de quinze mois, ne connût ses sentiments
que lorsqu'elle seroit pour jamais à l'abri
de toutes ses entreprises. Mais, quand elle
avoit de premier mouvement formé ce
courageux dessein, elle ignoroit encore
qu'elle fût passionnément aimée. Sa
conversation avec dom Pèdre avoit bouleversé ou du moins ébranlé toutes ses
résolutions; et que de raisons ne trou-
voit-elle pas pour renoncer à ce projet!
Souffriroit-il sa retraite dans un monastère ? Si elle s'échappoit furtivement,
quelle seroit sa fureur!... Ne viendroit-il
pas l'arracher de son couvent alors même
qu'elle auroit fait ses vœux!... Comment
se soustraire aux emportements d'un caractère si violent, animé par une grande
passion réduite au désespoir!.... D'un

autre côté, comment rester à la cour sans se perdre! Quel droit n'auroit-il pas sur elle, lorsqu'il découvriroit qu'elle l'avoit aimé avant même de l'avoir vu!.... Comment se conduire dans une situation si périlleuse! et de qui pouvoit-elle espérer un conseil salutaire! Amalia n'avoit pas assez d'esprit pour la guider; Alonzo avoit trop d'amour pour ne lui être pas suspect: elle ne pouvoit prendre pour confident le rival de dom Pédre.... Hélas! s'écrioit-elle, si Mélinda vivoit, je me jetterois dans son sein, je lui confierois mes mortelles anxiétés, et je trouverois mon salut dans sa tendresse, son expérience, et surtout dans son autorité. Oh! combien je sens le malheur de l'indépendance à mon âge!.... Le meilleur conseil, je ne le suivrois pas peut-être, mais j'obéirois à un ordre sacré. Dans d'autres moments, Inès ne pensoit qu'au bonheur, à la gloire de

donner un frein à l'impétuosité de dom
Pèdre, de faire servir l'amour à le rendre
bienfaisant, équitable, généreux dans
toutes ses actions, enfin au charme délicieux de le voir devenir l'idole de la nation
qu'il devoit gouverner un jour.

Ces diverses pensées l'occupèrent uniquement jusqu'au retour d'Alonzo. Distraite et rêveuse, Amalia l'importunoit.
Son trouble et sa préoccupation étoient
si visibles, qu'Amalia en devina le sujet.
Cette dernière s'étoit enfin aperçue de la
passion du prince. Pour le repos de sa
conscience, elle se promit de ne point
favoriser ces amours ; en même temps
elle desira vivement en obtenir la confidence, et elle se décida sans balancer à
cacher avec soin tout ce mystère au sévère Alonzo.

Enfin, après trois semaines d'absence,
Alonzo arriva. Il se rendit sur-le-champ

à l'appartement d'Inès, qu'il trouva seule.
Il lui annonça tristement que la place
qu'elle desiroit lui étoit accordée. Inès le
remercia avec une sorte de confusion;
sa vue l'embarrassoit; l'estime qu'elle ne
pouvoit lui refuser devenoit pour elle un
sentiment pénible qui ressembloit au remords. Alonzo, prenant son trouble pour
de l'attendrissement, reprit la parole pour
lui représenter le danger de se jeter sans
mentor et sans guide dans un monde inconnu, plein de piéges et d'illusions. Il
en est temps encore, ajouta-t-il; rap-
pelez-vous les derniers vœux de votre
grand'mère; pour les réaliser, je ferai
tous les sacrifices que vous desirerez:
vous voulez vivre dans le monde, j'aban-
donnerai cette solitude; j'irai m'établir
avec vous à Lisbonne. Daignez accepter
une sauvegarde; un époux seul pourra
l'être. Inès écouta ce discours avec une

froideur si glaciale, qu'Alonzo, perdant toute espérance, se leva en disant : Je le vois, votre parti est pris sans retour. Je ne puis m'y opposer avec autorité, puisque, dans l'opinion générale, le sort que vous préférez est universellement envié ; j'ai agi avec la droiture que j'aurai toujours ; j'ai sollicité de bonne foi : il est vrai que j'attendois de votre part un généreux retour à la raison, à l'amitié, surtout quand je vous offrois de vivre dans le monde pour y veiller sur vous..... Je me suis trompé. Puissiez-vous ne jamais vous repentir..... Quand voulez-vous partir? — Demain, s'il est possible. — Demain!.... Il suffit.... Nous partirons avec le jour. A ces mots, Alonzo, la mort dans le cœur, quitta brusquement Inès. De nouveaux chagrins l'attendoient. Il étoit revenu avec une extrême rapidité nuit et jour, et sans s'arrêter. Il ignoroit entièrement que le prince de Portugal eût passé trois jours dans son château ; et, lorsque ses gens le lui apprirent, cet événement acheva de l'accabler. Il ne douta point que la beauté d'Inès n'eût fait une profonde impression sur ce prince. Le silence d'Inès sur cette aventure, l'empressement qu'elle montroit de partir sans délai pour Lisbonne, sa froideur, son embarras, le refus positif de s'engager, tout prouvoit au malheureux Alonzo que la passion qu'il supposoit à dom Pèdre étoit partagée. Il questionna Amalia, qui se garda bien de lui confier les secrets qu'elle avoit pénétrés ; elle se contenta de lui faire l'éloge de l'affabilité du prince, de ses bontés pour elle, et de la manière dont elle avoit fait les honneurs du château.

Le lendemain matin on partit pour Lisbonne. Alonzo, durant la route, acquit l'entière certitude de son malheur. Inès, qui ne trouvoit dans ses regards que des reproches et la plus sombre tristesse, les évitoit avec soin; elle étoit silencieuse et distraite. Amalia faisoit seule les frais de la conversation : elle désoloit Alonzo, en le forçant d'y prendre part; car, lorsqu'on est vivement préoccupé, la plus pénible de toutes les bienséances est celle qui oblige à soutenir un entretien insipide, et à répondre à des lieux communs. Arrivés à Lisbonne, Alonzo déposa Inès chez une des parentes de son père. Il fut convenu qu'elle y resteroit jusqu'à son installation à la cour; et, ce jour même, Alonzo lui dit : Je sais que vous ne desirez point mes conseils, et que vous ne les suivrez pas; mais mon devoir est de vous en donner et de veiller sur vous. Je reste à Lisbonne, afin de vous faire entendre de temps en temps le langage de la raison et de la vérité.

Au bout de huit jours, Inès fut présentée à la cour, et presque aussitôt elle y fut établie. Sa rare beauté fit un bruit prodigieux. Dom Pédre crut l'admirer pour la première fois, en la voyant ornée d'une éclatante parure. Cependant les conseils de Garcias, et sur-tout l'intérêt de son amour, l'engagèrent à cacher sa passion.

Inès, la plus belle personne du Portugal, étoit une riche héritière ; elle avoit une grande naissance, et, dès le premier moment de son apparition à la cour, elle devint l'objet d'une multitude de vœux secrets. Dans le nombre de ses adorateurs se trouva Pachéco, premier ministre, et favori du roi. Né sans fortune, sans naissance, mais sous le règne d'un roi qui savoit apprécier les grands talents,

il ne devoit son élévation qu'à une habileté supérieure dans les affaires. Parvenu
par le mérite et d'importants services, il
est facile de persuader qu'on l'est aussi
par la vertu. Pachéco jouissoit d'une ho-
norable et brillante réputation, parceque
jusqu'alors les passions violentes concen-
trées dans son ame, loin d'avoir pu lui
demander des crimes, n'avoient dû au
contraire exiger de lui que de l'intégrité
dans sa conduite et des travaux glorieux,
seuls moyens d'obtenir la confiance et la
faveur du roi. Ainsi la probité, la loyauté
du monarque forçoient depuis dix ans
un scélérat à prendre toutes les appa-
rences d'un honnête homme. Quoique
Pachéco eût un orgueil excessif, il avoit
trop d'esprit pour montrer de l'insolence;
il savoit que, toujours haïssable et ridi-
cule, elle n'est jamais utile, même avec
les sots qu'elle intimide, ou qui la pren-

nent pour un des priviléges de la grandeur; exact observateur de toutes les
bienséances sociales, il regardoit le scan-
dale comme une absurdité nuisible; il ne
méprisoit du vice que l'imprudence sans
but et sans profit. Il étoit également capable d'audace et de circonspection, suivant ses passions et ses intérêts; il ne
voyoit dans l'exécution d'un crime qu'une
action à combiner comme toute autre;
mais néanmoins, jugeant que les suites
en sont toujours dangereuses, il pensoit
qu'on ne doit employer de tels moyens
que pour satisfaire une passion violente,
ou pour l'accomplissement d'un grand
dessein : enfin, sous un extérieur noble,
imposant et sévère, il cachoit l'ame la
plus noire et la plus vindicative, une
ame avilie et dénaturée par une longue
habitude d'impiétés et d'hypocrisie; son
amour n'étoit qu'une fureur brutale, son

amitié qu'un calcul et une fausseté, sa haine une rage implacable, qui ne pouvoit produire que des vengeances atroces. Tel étoit l'homme qui, au seul aspect d'Inès, devint éperdument amoureux d'elle. Il avoit quarante ans, mais une belle figure, de grands succès encore auprès des femmes, une fortune immense, un crédit sans bornes, les premiers emplois de l'état. Il pensa qu'Inès n'hésiteroit pas à lui donner la préférence sur tous ses rivaux, et que d'ailleurs elle seroit flattée de subjuguer un homme d'une si haute réputation, qui n'avoit jamais voulu se marier, et qui avoit refusé tant d'alliances illustres. Comme tous les ambitieux, il imagina que le moyen le plus sûr de lui plaire étoit de se montrer à elle dans toute sa splendeur : il l'invita à des fêtes magnifiques, que le roi, la reine et dom Pèdre honorèrent de leur présence;

et, au bout d'un mois, sachant qu'Alonzo étoit le tuteur d'Inès, il alla le trouver, et lui demander la main de sa pupille. Alonzo répondit qu'il laissoit Inès maîtresse de sa destinée, et qu'il lui parleroit. En effet, il lui fit part des prétentions de Pachéco, et il ajouta que ce mariage seroit le plus avantageux qu'elle pût faire. Si je voulois me marier, répondit Inès, c'est vous, Alonzo, que je choisirois pour époux. Faites en mon nom un refus positif, absolu…. Je ne veux point, reprit Alonzo, vous arracher l'aveu de vos sentiments ; je me plais à conserver l'espérance que vous me les confierez un jour…. O ma chère Inès, j'ai renoncé sans retour à cette chimère de bonheur qui séduisit un moment ma raison ; mais je ne puis renoncer à votre repos, à votre réputation…. — Ma réputation ! Qu'ai-je donc fait qui puisse la compromettre ?…

— Rien encore ; mais vous nourrissez un sentiment qui vous perdra. — Si vous connoissiez mes résolutions..... — Elles sont vertueuses, je n'en doute pas ; les conseils de l'expérience et de l'amitié ne pourroient que les affermir. — Eh bien ! Alonzo, dans six semaines vous saurez tout, et vous verrez alors que je ne manque ni d'empire sur moi-même, ni de courage. Ces paroles attendrirent et charmèrent Alonzo. Ce fut la première consolation qu'il eût reçue depuis la mort de Mélinda. Il porta le même jour la réponse d'Inès à Pachéco. Celui-ci, profondément irrité, se flatta néanmoins qu'Alonzo, ayant d'autres vues, l'avoit desservi auprès d'Inès, et que peut-être même il la faisoit parler. Rempli de cette idée, il se rendit chez Inès, bien certain que nul domestique n'oseroit l'empêcher d'entrer. Mais il fallut l'annoncer ; et, aussitôt qu'Inès entendit prononcer son nom, elle se leva précipitamment, et courut se réfugier dans un cabinet, d'où elle lui fit dire qu'elle ne recevoit que ses parents et son tuteur. Pachéco ne se rebuta point; il demanda une écritoire, et il lui écrivit un billet pour la conjurer de l'entendre un moment, ou de répondre *de sa main* à la proposition qu'il avoit chargé son tuteur de lui faire. Inès, voulant se débarrasser sans retour d'une poursuite importune, répondit sur-le-champ avec une décision, un laconisme, une sécheresse qui parurent à l'orgueilleux Pachéco le comble du dédain et de l'outrage. Il sortit avec la rage dans le cœur, et en se promettant de méditer à loisir une horrible vengeance.

Inès, mille fois plus tourmentée et plus à plaindre que jamais, étoit enfin décidée à se sacrifier au plus rigoureux devoir.

Dom Pédre lui écrivoit tous les jours. Amalia, placée à la cour par ses soins, étoit devenue sa confidente, et se chargeoit de remettre ses lettres. Amalia, en recevant ce dangereux secret, n'avoit pas mis en doute *la pureté des sentiments* de dom Pédre, puisqu'il l'assuroit qu'il ne prétendoit qu'à la confiance et à l'amitié d'Inès. Amalia justifioit à ses propres yeux une complaisance à-la-fois basse et criminelle, en se répétant qu'il n'étoit pas permis de se défier des intentions d'un prince loyal, généreux, et destiné à monter sur le trône.

Les lettres du prince n'étoient qu'une répétition de tout ce qu'il avoit déja dit à Inès ; mais il montroit de l'espérance et une passion dont chaque instant sembloit accroître la violence. Inès avoit la foiblesse de lui répondre ; et, quoiqu'elle l'exhortât à triompher d'un sentiment

qu'elle ne pouvoit partager (disoit-elle),
il y avoit toujours dans ces réponses quelques uns de ces mots qui échappent du
cœur, et qu'on n'a jamais la force d'ef-
facer. Inès, rassurant sa conscience alarmée par un dessein courageux, se livroit
avec moins de remords au plus dangereux
penchant. Elle voyoit chaque jour dom
Pèdre, heureux et brillant d'espérance,
au milieu d'une cour somptueuse, attacher et fixer sur lui tous les regards ; elle
jouissoit avec délice de l'éclat dont il étoit
environné. Il y a dans la grandeur et dans
la pompe d'un rang élevé une noblesse
extérieure et une élégance auxquelles il
est rare qu'une femme, même sans ambition, puisse être absolument insensible.
Les hommages personnels peuvent être
reçus avec indifférence ; mais, s'ils s'a-
dressent à l'objet qu'on aime, il est impossible d'en être le témoin sans enthou-

siasme. Les sentiments les plus profonds
ne sont pas inspirés par l'amour; mais les
émotions les plus vives sont produites par
la réunion de l'amour et de la vanité.
Inès, enivrée de toutes les illusions de
l'amour, ne put néanmoins se dissimuler
que dom Pèdre prenoit sur elle un suprême ascendant. Il est vrai qu'il lui obéis-
soit, en se conduisant avec prudence, en
ne la suivant point, en ne lui parlant
point dans les fêtes où il la rencontroit,
et en ne faisant aucune tentative pour la
voir chez elle; mais il ne lui cachoit pas
dans ses lettres que cette contrainte in-
supportable ne pouvoit durer, qu'il falloit qu'elle y mît un terme. Inès sentoit
qu'entraînée vers lui par l'amour, et do-
minée par la crainte que lui inspiroit son
caractère, il disposeroit souverainement
de sa destinée, si elle hésitoit à prendre
un parti courageux et décisif. L'idée qu'il

seroit forcé d'admirer le sacrifice vertueux qu'elle méditoit acheva de la décider. Elle se détermina donc à fuir dans
une province éloignée, et même dans un
pays étranger, à s'y mettre dans un couvent, sous un nom supposé, et à s'y faire
religieuse. Mais comment exécuter un tel
dessein? Elle ne vouloit pas le confier à
son tuteur, parceque, connoissant ses
sentiments, elle étoit certaine qu'il ne
la seconderoit jamais dans le projet de
s'ensevelir sans retour dans un cloître;
et, en renonçant à dom Pédre, elle trouvoit une sorte de consolation à renoncer
à l'univers entier. Quoique Amalia lui
témoignât la plus vive amitié, elle n'a-
voit pour elle ni estime ni confiance.
Enfin elle révéla son secret à une personne subalterne, mais dont elle avoit
reçu les plus grandes preuves d'attachement. C'étoit sa femme de chambre. Inès

lui avoit entendu dire que ses parents (un oncle et une tante), qui étoient des marchands, alloient incessamment partir pour la France. Inès imagina qu'ils pourroient l'emmener secrètement avec eux, et elle promit à sa femme de chambre de lui assurer un sort en partant. Cette femme fut à-la-fois effrayée et touchée d'un parti si violent. Après l'avoir vainement combattu, elle demanda trois jours, qui lui furent accordés, pour y réfléchir, et afin de penser aux moyens que l'on pourroit employer pour conduire cette affaire sans éclat.

Au bout des trois jours la femme de chambre dit que tout étoit arrangé; que son oncle et sa tante, sans connoître le véritable nom d'Inès, qu'il falloit leur cacher, consentoient à se charger d'elle, parceque, pour mieux assurer le secret, elle l'avoit fait recommander par un vénérable religieux qui possédoit toute leur confiance, et qui partoit aussi avec eux. Pour intéresser ce saint personnage, poursuivit la femme de chambre, je lui ai dit, madame, que ce départ préserveroit une jeune orpheline de la plus dangereuse séduction.... Hélas! reprit Inès en soupirant, vous ne l'avez pas trompé!... — Et quand vous serez en France il vous placera dans un monastère, et vous y fera recevoir. Il faudra partir dans deux jours!... — Quoi! sitôt?... Mais je ne balance point; ma résolution est inébranlable. Cependant comment m'échapperai-je d'ici? — Tout est prévu. Madame demandera un congé de six jours pour aller à la campagne chez une de ses parentes absente. Nous partirons du palais dans une voiture de louage au point du jour; nous nous rendrons dans l'église de Saint-Salvador; nous y entrerons, et nous attendrons là le religieux qui doit vous présenter et vous guider. — Et combien de temps l'attendrons-nous? — Une demi-heure tout au plus. C'est dans cette église que mes parents viendront vous chercher et que vous partirez avec eux et le vénérable religieux. Après cette explication, la triste Inès se retira dans son cabinet pour y pleurer sans contrainte. Elle écrivit deux lettres, l'une à Alonzo, où, sans lui confier le secret de son cœur et le lieu de sa retraite, elle lui disoit un éternel adieu, en lui déclarant qu'elle alloit se consacrer à Dieu. Elle lui recommandoit ses femmes et ses domestiques; du reste elle le prioit de disposer à son gré de sa fortune, en ajoutant qu'elle s'en rapportoit à sa justice et à sa sagesse. La seconde lettre, adressée à dom Pédre, étoit conçue en ces termes:

« Hélas! vous pouvez lire maintenant

« ces papiers que je vous ai confiés !....
« Vous y verrez que, même avant de vous
« connoître, je cédois au charme incon-
« cevable du plus doux pressentiment,
« mon imagination et mon cœur s'élan-
« çoient vers vous !...... Et depuis je
« vous ai vu !... je vous ai entendu dé-
« peindre cet amour si tendre, si géné-
« reux, dont j'étois l'objet !... mon ame
« tout entière répondoit à la vôtre ; vous
« exprimiez tout ce que j'éprouvois !....
« J'ai calculé les dangers d'une telle pas-
« sion sur sa violence, et j'ai senti qu'elle
« devoit nous perdre ; un nœud sacré ne
« pouvoit nous unir, et jamais la foiblesse
« et l'égarement d'Inès n'auroient pu vous
« rendre heureux !... En renonçant à vous,
« je n'ai pu concevoir l'espoir ou l'idée
« d'une seule consolation humaine ; je re-
« nonce à ma famille, à ma patrie, au
« monde, à l'univers entier.... Ce visage

« que vous aimiez à regarder sera jusqu'au
« tombeau couvert d'un voile épais.... Je
« ne vous parlerai plus, et je me voue à
« un éternel silence!... Ah! soyez toujours
« assez magnanime, faites toujours d'assez
« nobles exploits pour que votre renom-
« mée, franchissant les monts affreux qui
« vont nous séparer, puisse parvenir jus-
« qu'à l'asile obscur où je cours m'ense-
« velir! Ce n'est désormais que par vos
« vertus et la gloire que vous pourrez cor-
« respondre encore avec Inès!... Et, quand
« j'entendrai parler de vos grandes ac-
« tions, je me dirai : Il ne m'a point ou-
« bliée!... Nous ne nous verrons plus;
« mais quels délicieux souvenirs nous res-
« tent! Songez combien notre amour fut
« innocent et pur! le vôtre ne demandoit
« que l'estime et la confiance; le mien fut
« toujours caché!... Adieu; je sens à-la-
« fois votre douleur et la mienne!... Mais

« ce moment terrible n'est pas sans dou-
« ceur pour moi; je puis sans déguise-
« ment et sans crainte vous dire enfin,
« pour la première fois, que je vous aime
« uniquement; le temps et l'absence ne
« sauroient affoiblir un sentiment si ten-
« dre et si passionné! Nulle vanité mon-
« daine, nulle autre affection humaine ne
« pourront m'en distraire. Oh! que j'aime-
« rai cette profonde solitude où je serai
« livrée tout entière à un seul souvenir, à
« une seule pensée! Que le dédain du mon-
« de et l'humilité me coûteront peu! Quels
« amusements, que vous ne partageriez
« pas, pourroient me plaire! Quelles louan-
« ges, que vous n'entendriez, pourroient
« me flatter!.... C'est au fond de votre
« grande ame que j'ai placé tout mon or-
« gueil... Adieu; ne gémissez point sur
« mon sort.... Il est vrai, mon sacrifice
« est immense; mais vous l'admirerez; ne

« me plaignez donc pas : certaine d'être
« approuvée de vous, j'emporte avec moi
« la plus touchante et la plus noble ré-
« compense. »

Inès étoit convenue avec sa confidente
de lui donner la lettre d'Alonzo et celle
de dom Pédre, à laquelle son cœur attachoit une si grande importance. La veille
de son départ, la femme de chambre lui
avoit représenté que peut-être après sa
fuite elle seroit arrêtée pour être interro-
gée, que l'on saisiroit tous ses papiers,
et que, pour ne pas risquer ces deux lettres, il falloit les déposer chez le notaire
d'Inès; elle se chargea de les lui porter
enfermées dans une enveloppe à sa pro-
pre adresse, et elle promit à Inès de ne
remettre ces lettres que six jours après sa
fuite.

Ayant ainsi terminé tout ce qu'elle devoit faire, Inès ne sentit plus que sa dou-

leur, et elle en fut accablée. Lorsqu'elle
eut donné ses lettres, elle trouva que celle
qu'elle avoit écrite au prince n'étoit ni
assez tendre ni assez détaillée. Elle se représenta son désespoir, elle s'accusa d'ingratitude et de barbarie; elle versa des
torrents de larmes; son courage l'aban-
donna; et néanmoins elle persista dans
sa résolution. La veille du jour où elle
devoit l'exécuter, la reine donna un grand
bal; Inès auroit pu se dispenser de s'y
trouver; mais, malgré l'état où elle étoit,
elle voulut y aller, afin de voir dom Pédre
encore une fois. Ce qu'elle souffrit à cette
fête surpassa tout ce qu'elle avoit pu imaginer. Combien lui parut insensée la
gaieté de cette brillante assemblée! combien elle fut douloureusement affectée
par les sons d'une musique vive et bruyan-
te! Lorsqu'on vint la prier à danser, elle
frissonna, et fut aussi étonnée que si l'on

eût dû lire au fond de son ame. Elle s'excusa en se plaignant d'un violent mal de tête; elle étoit si abattue, qu'on le crut facilement. Mais sa langueur et sa souffrance, loin de nuire à sa beauté, la rendoient mille fois plus touchante. Il y avoit à cette fête beaucoup d'étrangers qui, ayant entendu parler d'elle, et ne l'ayant jamais vue, formèrent un cercle autour d'elle, et ne purent s'empêcher d'exprimer leur admiration. Ces hommages lui firent éprouver le sentiment le plus pénible, en pensant aux grilles derrière lesquelles cette beauté alloit se cacher et se flétrir dans l'oubli!...

Le prince n'arriva qu'à minuit.... Inès, en le voyant entrer dans la salle, fut prête à s'évanouir; et, de ce moment, elle eut toujours les larmes aux yeux.... Jamais il ne lui avoit paru si affable, si brillant, et si aimable.... Leurs regards, qui se

cherchoient, se rencontrèrent, et la malheureuse Inès sentit son cœur se déchirer. Ne pouvant plus se soutenir, elle fut
obligée de s'appuyer sur le bras d'Amalia
placée à côté d'elle... Au bout d'une demi-
heure, dom Pèdre, pour la première fois
en public, s'approcha d'elle; il lui parla
avec une grace et un air de sécurité qui
attendrirent tellement Inès, que, pour
ne pas se trahir par un déluge de pleurs,
elle prit le parti de ne répondre qu'en
s'inclinant, et au même instant elle dit
tout bas à Amalia qu'elle sentoit qu'elle
alloit se trouver mal; aussitôt Amalia sortit avec elle, ce qui ne surprit personne,
car on l'avoit vue arriver au bal excessi-
vement souffrante. A la porte de la salle,
Inès se retourna pour tâcher d'apercevoir
encore pour la dernière fois celui qu'elle
quittoit pour toujours!... Mais elle le chercha vainement des yeux.... En passant la

porte fatale, elle crut sortir de la vie.... Elle laissoit derrière elle toute la pompe, tout l'enchantement, tous les prestiges qui avoient séduit son imagination et touché son cœur.... Innocente et vertueuse, mais privée du bonheur d'avoir été déterminée par la religion, elle n'étoit soutenue que par des motifs humains, et elle éprouvoit toute la foiblesse de ces fragiles appuis : sans force et sans consolation, elle succomboit à l'amertume de ses regrets et à l'horreur de la perspective que le sombre avenir lui présentoit....

Le courage religieux est invincible, parcequ'il a un but, devant lequel tous les autres intérêts s'anéantissent. La pieuse résignation est un accord sublime fait avec la divinité, qui daigne, à ce prix, tout promettre à sa créature; avec cette angélique vertu on n'est jamais le jouet des événements ou la victime du malheur; la patience humaine n'est qu'une souffrance immobile et muette; la résignation est un repos céleste, elle attend une récompense sans mesure....

Inès, en s'éloignant sans retour de l'objet qu'elle adoroit, avoit à peine la force de marcher; elle chanceloit à chaque pas; l'univers venoit de disparoître à ses yeux; il lui sembloit qu'elle tomboit et s'enfonçoit dans le néant.... Elle logeoit dans le palais; et, lorsqu'elle entra dans son appartement, elle assura Amalia qu'elle ne souffroit plus, et elle se hâta de la congédier. Le prince envoya savoir de ses nouvelles, quoiqu'il dût être rassuré par Amalia, qui étoit retournée au bal. Ce message accrut encore les douloureuses émotions d'Inès... Hélas! se dit-elle, quel sera demain son réveil!.... Dans ce moment, elle entendit en tressaillant l'horloge du palais sonner deux heures après

minuit; elle devoit s'échapper à six....
Lorsqu'elle quitta sa parure et qu'on lui
ôta les fleurs et les diamants dont sa tête
étoit couronnée, il lui sembla qu'on la
dépouilloit de tous ses charmes, de cette
beauté qui ne devoit plus être ornée, qui
ne devoit plus briller, et que dom Pédre
ne contempleroit plus.... Elle se revêtit
d'une robe noire, elle posa sur sa tête un
long voile, ensuite elle renvoya sa femme
de chambre, en lui ordonnant de venir
la chercher à l'heure convenue. Alors elle
tomba dans un fauteuil, et elle y resta
morne, tremblante, et glacée, jusqu'au
moment où sa confidente entr'ouvrit dou-
cement la porte pour l'avertir que tout
étoit prêt. Eh quoi! dit Inès en tressaillant, le jour paroît déja? — Oui, madame;
mais il est sombre... A ces mots, Inès se
lève, elle ouvre une fenêtre, et frémit en
voyant un ciel rougeâtre, chargé de nua-

ges noirs. Quel jour affreux! dit-elle; et ses pleurs inondèrent son visage.... Elle s'enveloppe dans son voile, et suit sa femme de chambre, qui la guide. Elle monte en voiture. L'infortunée, à travers un nuage de larmes, se tourne vers le palais, et lui dit un éternel adieu, en s'écriant: Hélas!... c'est donc pour jamais, et j'ai pu le vouloir!... Ses sanglots lui coupèrent la parole.... La voiture étoit partie avec rapidité; elle traverse cinq ou six rues, et s'arrête enfin devant le portail de l'église de Saint-Salvador. On descend, un homme attendoit à une petite porte, qu'il ouvre aussitôt. On entre dans une église obscure et vaste; c'est ici qu'il faut attendre, lui dit sa compagne. Inès fait encore quelques pas pour aller se mettre à genoux sur les marches d'un autel, et là elle prie Dieu de rétablir la paix dans son ame bouleversée. Mais une voix intérieure, une voix terrible lui répond : *Il falloit prier avant de te livrer tout entière à la passion la plus insensée ; il falloit obéir aux derniers ordres de ta grand'mère expirante ; ta présomption et ta folie t'ont précipitée dans un abyme ; tu as fait toi-même ta destinée ; elle sera funeste....* Au milieu de ces pensées désespérantes, elle entend marcher derrière elle ; c'étoit sa femme de chambre, qui l'invite à la suivre dans la sacristie où elle est attendue. Inès se léve, et se laisse conduire. Elle entre dans la sacristie, dont aussitôt la porte se referme et la sépare de sa femme de chambre ; elle se trouve seule avec effroi. Dans ce moment on accourt précipitamment vers elle ; le seul bruit de cette marche impétueuse fait palpiter son cœur.... Elle le reconnoît ; elle ne se trompe point... Dom Pèdre est à ses pieds... Dans

ce moment Inès n'éprouva qu'un transport inexprimable de surprise et de joie;
ses craintes, ses projets, ses résolutions,
tout fut oublié. Elle entrevit à l'instant
qu'elle ne seroit plus maîtresse de ses
actions, que désormais l'amour en disposeroit souverainement; cette idée combloit tous les desirs, tous les vœux imprudents de son cœur.... Je suis aimé!
s'écria dom Pédre. Vous êtes à moi; je
sais tout; j'ai lu votre lettre, et tous vos
papiers. O sensible et chère Inès, vous
allez connoître mon amour et ma reconnoissance! un nœud solennel et sacré va
nous unir pour jamais... — O ciel! à quoi
vous exposez-vous? Votre père, la nation.... — L'autel est paré, le flambeau
nuptial est allumé..... le prêtre et les
témoins nous attendent..... — Grand
Dieu!.... — Venez..... Soyons l'un à
l'autre; tout le reste n'est rien. L'excès du

bonheur nous donnera l'heureuse puissance de braver tous les autres événements de la vie; et, s'il falloit périr demain, qu'importe! nous aurions vécu…. Quelle longue carrière peut valoir ce beau jour!… Ne différons plus, venez….

En prononçant ces paroles, dom Pèdre entraîne Inès; il la conduit dans une chapelle ornée de fleurs et magnifiquement illuminée. Le prêtre étoit déja sur les marches de l'autel; deux amis du prince, Alvarès, parent d'Inès, et Garcias, se tenoient debout à côté des prie-dieu sur lesquels devoient se placer les deux époux. Derrière le prie-dieu d'Inès se trouvoit Amalia en habit de cour. Le prince et les témoins étoient superbement vêtus; l'autel et les habits sacerdotaux du prêtre étinceloient d'or et de pierreries. Le prince avoit voulu, par cette magnificence, ôter, autant qu'il étoit possible,

à cette cérémonie l'humble et triste appa-
rence d'un mariage secret et clandestin.
Inès, baignée de pleurs, prononça du
fond de l'ame les paroles irrévocables et
sacrées. Le prince fit avec enthousiasme
les mêmes serments. Ensuite Amalia se
couvrit d'une pelisse noire ; dom Pédre
s'enveloppa dans un long manteau, et
l'on se hâta de sortir de l'église. Dom
Pédre monta, avec Inès et Amalia, dans
une voiture dont tous les panneaux
étoient fermés, et qui devoit les conduire
à trois lieues de Lisbonne, dans une petite maison isolée dans les champs, ap-
partenant à Amalia.

Dom Pédre, après avoir exprimé à Inès
l'excès de sa joie et de son bonheur, lui
dévoila tous les mystères de cette intrigue
si bien conduite. Sa femme de chambre,
effrayée du projet de sa fuite, avoit, sous
le sceau du plus grand secret, consulté

Amalia, qui aussitôt en instruisit le prince.
On se décida vaguement à tromper Inès,
afin de l'empêcher de partir. Quand elle
confia ses deux lettres, au lieu de les
porter chez un notaire, on les remit au
prince, qui lut la sienne avec toute l'i-
vresse d'une joie sans bornes, qui néanmoins devoit augmenter encore par la
lecture des papiers qu'Inès avoit été forcée de lui remettre dans le château. Alors
dom Pédre imagina la fable dont l'inexpérience et la crédulité d'Inès avoit si
bien assuré le succès. Quant à la lettre
adressée à Alonzo, le prince l'avoit brûlée
sans la lire. Il ajouta qu'il étoit parfaitement sûr de la discrétion du prêtre, et
des deux témoins Alvarès et Garcias; que
leur sûreté même répondoit de leur fidélité à cet égard. Dom Pédre apprit à Inès
qu'elle alloit s'arrêter un moment dans
la maison d'Amalia, qui étoit sur la route

de celle où elle avoit dit publiquement
qu'elle iroit ; qu'en effet elle s'y rendroit
ce jour même ; mais qu'au lieu d'y passer
huit jours, elle reviendroit le surlendemain au palais à Lisbonne. A peu de distance de la maison d'Amalia, on trouva
Alvarès et Garcias, qui avoient pris les
devants à cheval. Le prince se sépara
d'Inès ; Alvarès lui céda son cheval, et
prit sa place dans la voiture. Dom Pédre
et Garcias retournèrent à Lisbonne par
un autre chemin ; et Inès, Alvarès et
Amalia s'arrêtèrent une heure dans la
maison de cette dernière. Inès y retrouva
sa femme de chambre. Elle quitta sa robe
noire, en disant à Amalia qu'elle s'affligeoit de l'avoir portée dans le plus beau
moment de sa vie. Hélas! ajouta-t-elle!
fasse le ciel que ce lugubre vêtement de
deuil ne soit pas un triste présage!....
Amalia lui parla de dom Pédre, de son

amour, de sa félicité; et toute idée mélancolique fut bientôt effacée de son
imagination. Que les heures lui parurent
longues dans ce château, où elle passa
deux mortelles journées!.... Enfin elle
se retrouva à Lisbonne : elle rentra avec
transport dans ce palais qu'habitoit un
époux adoré; et, pour que rien ne man-
quât à son bonheur, elle apprit de dom
Pèdre que personne au monde n'avoit le
moindre soupçon non seulement de leur
union, mais de leur intelligence. Les
conseils de Garcias dirigèrent leur conduite, et les mesures pour se voir furent
prises avec prudence.

Mais la haine irréconciliable et l'in-
humaine jalousie veilloient sur Inès,
épioient tous ses mouvements, toutes ses
démarches. Pachéco étoit certain qu'Inès
avoit un penchant secret, puisqu'elle
avoit refusé sans hésiter l'offre de son

cœur et de sa main ; il surprit des sou-
pirs, des regards, et il découvrit qu'Inès
et le prince s'aimoient éperdument, et
qu'Amalia étoit leur confidente. Dom
Pèdre regardoit Pachéco comme un grand
homme d'état ; il n'avoit rien vu de ré-
préhensible dans sa conduite ; mais, par
une sorte d'instinct qui trompe rarement
les grandes ames, il avoit pour lui un
éloignement naturel, que plus d'une fois
il avoit laissé voir malgré lui. Pachéco,
qui n'avoit que trop remarqué cette anti-
pathie secréte, le haïssoit mortellement,
persuadé d'ailleurs qu'à la mort du roi
Garcias et Alvarès seroient revêtus des
premiers emplois. Il avoit essayé avec
beaucoup de précautions et d'artifices,
mais sans fruit, tous les moyens de le
perdre dans l'esprit du roi ; tantôt il le
louoit sur sa valeur, sa popularité, avec
l'intention secréte de le faire craindre.

Le roi n'éprouvoit alors que la joie de
voir aimé du peuple et de la nation un
fils qu'il chérissoit. Tantôt Pachéco gémissoit sur la violence du caractère de ce
prince, et le roi s'en affligeoit sincèrement en bon père, mais en conservant
l'espoir que l'âge corrigeroit des défauts
rachetés par tant de grandes qualités.
Pachéco ne se rebutoit jamais; il se flatta
de tirer un meilleur parti de la passion
du prince, et il commença par charger
une femme qui lui étoit dévouée d'éclairer la reine sur l'amour mutuel de dom
Pèdre et d'Inès; car il étoit loin d'imaginer qu'ils fussent unis par un mariage
secret. La reine en parla au roi en présence de Pachéco; et le roi répondit que
rien n'étant prouvé à cet égard il falloit
ne faire aucun éclat. D'ailleurs, ajouta
le roi, tout le monde est frappé depuis
quelque temps d'un changement heureux

dans le caractère de mon fils. Si cette jeune Inès a de l'empire sur son esprit, elle fait un excellent usage de cet ascendant. Puisque cette liaison n'a rien de scandaleux, pourquoi la supposer criminelle? N'irritons point mon fils par une imprudente sévérité : on le conseille bien, voilà l'essentiel. Pachéco, dissimulant son dépit secret, appuya cet avis du roi, loua son indulgence paternelle, sa sagesse; et la reine, qui s'intéressoit à Inès, promit avec plaisir de ne lui rien dire et de la garder auprès d'elle. Cette princesse, seconde épouse du roi, sœur du roi de Castille, et belle-mère de dom Pédre, avoit cette douceur, cette bonté constante que donne toujours une véritable piété. Ces vertus angéliques sont les attributs naturels de toutes les femmes, et la véritable gloire d'une reine qui semble placée sur le trône, non pour juger et gouverner, mais pour concilier, adoucir, pour obtenir l'indulgence et le pardon. La reine aimoit dom Pédre et en étoit révérée, et la manière dont elle traitoit Inès augmentoit encore son attachement pour elle.

Cependant Pachéco divulgua sourdement le secret des amours du prince, et bientôt toute la cour en fut informée.

On est toujours d'une extrême indulgence pour les foiblesses des gens médiocres; mais on est sans pitié pour les personnes qu'on envie. La beauté, les graces, l'esprit d'Inès, les infidélités dont elle étoit l'objet, les hommages qu'elle dédaignoit, avoient excité contre elle des haines envenimées dans le silence et la dissimulation. Tout-à-coup on l'accusa hautement d'être la maîtresse du prince; les prudes, les coquettes, les fats, déçus, parurent être aussi scandalisés que si une intrigue d'amour eût été à la cour une chose inouie. Au milieu

d'un déchaînement presque universel,
Inès n'eut pour elle que ces voix si pures,
et toujours en si petit nombre, qui ne
s'élèvent que pour défendre ou pour affoiblir les torts, mais qui n'ont jamais
dans le monde une grande autorité; car,
dans les sociétés nombreuses, ce sont,
non les jugements de la méchanceté,
mais ceux de la bonté qui paroissent sus-
pects. On sait que la vertu est d'une invincible incrédulité sur le mal qui n'est
pas prouvé, et que, lorsqu'elle n'en peut
douter, elle le cache ou l'excuse. Avec un
tel caractère on obtient l'estime, mais on
est rarement écouté avec attention, et
moins encore cité.

Inès, malgré tout l'enchantement d'un
amour heureux et légitime, commença
à sentir combien sa situation étoit déli-
cate et dangereuse; elle gémissoit de la
perte de sa réputation, et elle ne pouvoit

se justifier sans trahir un secret inviolable pour elle, puisqu'il étoit impossible de le révéler sans exposer dom Pédre à toute la colère du roi; ce qui sur-tout l'accabloit de douleur étoient les reproches et le profond chagrin d'Alonzo. Ne pouvant supporter son indignation, elle lui jura si solennellement qu'elle étoit innocente, qu'il n'en douta pas. Alors Alonzo lui représenta qu'elle devoit s'arracher d'une cour où sa réputation étoit déja attaquée avec tant d'acharnement, et que, si elle hésitoit, elle la perdroit sans retour. Inès lui répondit qu'elle sentoit que la raison lui prescrivoit de prendre ce parti, mais qu'elle étoit certaine de rester toujours pure, et qu'elle n'avoit pas le courage de quitter la cour et ses amis. Ah! reprit Alonzo, pour vous soustraire au péril que vous bravez avec tant d'imprudence je serai donc forcé d'user de violence....

— Comment!... vous seriez capable... —
De tout pour sauver votre honneur.... —
Que dites-vous? ô ciel!... — Oui, si vous
ne cédez pas à mes prières, je vous arra-
cherai malgré vous de cet odieux palais...
je vous enlèverai.... — Grand Dieu!...
— Oui, j'en fais le serment... — Arrêtez,
Alonzo; il n'est plus temps.... — Qu'entends-je!... — Mon sort est fixé.... — Par
un mariage secret?... — Vous l'avez deviné; et ma vie dépend de votre discrétion.... Après cet aveu, Inès, achevant
d'ouvrir son cœur, conta toute son histoire au triste Alonzo. Lorsqu'elle eut
fini ce récit, Alonzo prit la parole en
soupirant. Qui peut mieux que moi, lui
dit-il, comprendre les écarts de l'imagination, et y compatir? Par quel bizarre
caprice la nature a-t-elle pris plaisir à former entre nos esprits et nos ames une si
trompeuse sympathie!... O malheureuse

Inès! Oui, sans doute, reprit Inès, je suis à plaindre…. Je ne jette qu'en tremblant les yeux sur l'avenir; l'amour ne m'y promet que du bonheur et de la gloire, mais j'y vois des orages effrayants. O généreux Alonzo! ne m'abandonnez pas. Soyez mon ange tutélaire, guidez-moi dans la carrière périlleuse où je me suis engagée; je n'aurai plus rien de caché pour vous… — Hélas! c'est m'accorder bien tard cette confiance que mon dévouement méritoit d'obtenir…. N'importe, je suis à vous. Chère Inès, vous ne m'avez pas fait une heureuse destinée; mais si la vôtre peut l'être, je ne m'en plaindrai pas. J'y veillerai; je vous avertirai de tout ce que l'on tramera contre vous. Je sais déja que vous devez vous défier de Pachéco; vous avez blessé son orgueil; il vous hait; j'aurai l'œil sur lui : sa politique et son habileté échoueront contre l'intérêt qui me guide;

il ne me trompera pas. Cette assurance tranquillisa Inès. Elle fit bien promettre à Alonzo qu'il ne parleroit point au prince de ses soupçons sur Pachéco, car elle évitoit d'irriter contre qui que ce fût ce caractère bouillant et si peu capable de feindre; et elle lui cachoit avec un soin extrême tous les sujets de plaintes que lui donnoient un grand nombre de personnes; ce qui lui étoit d'autant plus facile que toutes ces personnes se contraignoient en présence du prince et n'osoient alors la traiter avec cette politesse exacte, sèche, offensante, qui n'est autre chose que l'impertinence civilisée des cours et du grand monde.

La générosité et l'attachement d'Alonzo pénétrèrent Inès de reconnoissance. Mais bientôt un nouveau sujet d'inquiétude vint la troubler; elle s'aperçut qu'elle portoit dans son sein un gage de cet hymen qu'il étoit si important de cacher. Cet évènement transporta de joie dom Pèdre; cependant il sentit tout l'embarras de cette situation; et, voyant les craintes mortelles d'Inès : Tout s'arrangera, lui dit-il. O chère Inès! sortez de cet abattement, qui ressemble au repentir; il m'afflige et me blesse. Un amour tel que le nôtre doit triompher de tout; songez aux miracles qu'il a déja faits. Si vous ne m'eussiez retenu mille fois, j'aurois déja hautement déclaré cet hymen qui fait ma gloire ainsi que mon bonheur. Que je serois fier de braver pour vous d'odieux préjugés et les rigueurs d'une injuste autorité! Mais vous ne le voulez pas, et je vous obéis. Vous avez dompté, changé mon caractère, ou, pour mieux dire, c'est votre ame qui anime la mienne. Je suis calme, parceque vous m'aimez; je suis humain, parceque vous êtes bienfaisante. En lisant chaque jour dans ce cœur ingénu, dans ce cœur si pur et si sensible, puis-je ne pas adorer la vertu et la bonté! puis-je ne pas m'attendrir sur les souffrances des infortunés en voyant vos pleurs couler pour eux! Ah! vous n'avez pas besoin de me tracer mes devoirs; je les remplirai tous avec transport pour vous ressembler et pour vous rendre heureuse. Dites-vous donc que, si je dois un jour monter sur le trône, le Portugal vous devra une félicité dont il n'auroit jamais joui sans vous. Que ces grandes pensées écartent de votre imagination tout ce qui peut la noircir : nous sommes pour jamais l'un à l'autre; quelle véritable peine peut s'allier à cette idée!...

Le charme d'un tel langage auroit dissipé toutes les inquiétudes d'Inès, si elle n'eût tremblé que pour elle; mais elle craignoit pour dom Pédre; rien ne pouvoit la rassurer.

Sous le prétexte de sa santé, Inès demanda un congé de six mois, qui lui fut accordé.

Amalia, qui avoit tant favorisé ces dangereuses amours, n'eut aucune envie de la suivre; elle n'avoit pu résister à l'ambition de devenir la confidente d'un grand prince; mais, au fond, elle étoit encore plus attachée à sa place auprès de la reine, et il lui parut impossible de pouvoir exister six mois en province après avoir eu l'honneur de passer un an à la cour de Lisbonne. Le monde est toujours ingénieux et délicat en procédés quand il les juge dans la conversation. On blâma universellement Amalia de n'avoir pas suivi Inès, d'autant plus qu'on regardoit le départ de cette dernière comme une disgrace et une espèce d'exil; on se déchaîne

rarement contre les gens qui ne font ombrage à personne; mais aussi, quand ce
malheur leur arrive, il est sans ressource;
il faut des talents, du mérite, et de la
force, pour expier aux yeux du monde
une faute réelle, ou même pour triompher d'une calomnie. Aussi l'insipide et
vaine Amalia fut-elle la victime de cette
malveillance. Pachéco, qui la regardoit
comme un espion d'Inès et du prince, la
perdit dans l'esprit du roi et de la reine;
elle fut obligée de quitter sa place, et elle
passa le reste de ses jours dans l'humi-
liante obscurité produite par un profond
oubli.

Inès se rendit à Conimbre (1), dans le
Beira, auprès de la terre où elle avoit été

---

(1) Historique. Conimbre, capitale du Beira, située sur une montagne au pied de laquelle coule le
Mondégo, est à trente-six lieues de Lisbonne.

élevée et du château d'Alonzo. Le prince
lui avoit fait préparer un palais, où elle
descendit et s'établit (1). Alvarès, son
parent, et Alonzo l'accompagnèrent jusqu'à Conimbre; ensuite ils retournèrent
à Lisbonne. Alonzo vouloit rester à la
cour pour y veiller à ses intérêts. Quelques jours après, dom Pèdre annonça
qu'il partoit pour une maison de chasse
qu'il avoit à dix lieues de Lisbonne, et
où il alloit souvent seul. Il n'emmena
avec lui que Garcias, Alvarès, un écuyer
nommé Pédrillo, dont il connoissoit la
fidélité, et deux domestiques sur lesquels
il pouvoit compter, et il vola à Conimbre.
Il y passa trois semaines, et en partant il
laissa à Inès Pédrillo son écuyer, voulant
qu'elle eût auprès d'elle un homme qui
possédoit toute sa confiance. Peu de

____

(1) Historique.

temps après, le prince revint toujours secrètement; et, le lendemain de son arrivée à Conimbre, Inès mit au jour un prince, que dom Pèdre reçut dans ses bras avec toute l'ivresse de joie que peuvent causer le plus tendre, le plus violent amour et une première paternité.

Tandis que dom Pèdre s'abandonnoit tout entier au bonheur qu'il devoit payer si chèrement par la suite, l'implacable Pachéco tramoit les plus noirs complots contre lui : il étoit enfin parvenu, à force de perquisitions et en subornant un des domestiques d'Inès, à découvrir avec certitude le mariage secret. Afin de rendre la faute du prince beaucoup plus grave, il se garda bien d'en instruire le roi. Par ses intrigues, on parvint à faire croire à la reine que le prince n'avoit plus de passion pour Inès; qu'un mariage avec une princesse achèveroit de l'en détacher;

que la princesse Constance de Castille, niéce de la reine, dont on vantoit la beauté, avoit quinze ans, et que cette alliance affermiroit la paix entre les deux couronnes. La reine se passionna pour cette idée, que le roi avoit déja eue. Pachéco disposa ce prince à la recevoir avec joie ; il lui persuada que, pour ôter à dom Pédre la possibilité d'un refus, il falloit négocier le mariage à son insu. En effet, on traita cette affaire avec le plus grand secret, et enfin les paroles de part et d'autre furent données. Inès depuis près d'un an avoit quitté la cour, lorsqu'un jour le roi fit appeler dom Pédre dans son cabinet, pour lui annoncer que son mariage avec la princesse de Castille étoit arrangé, et qu'elle arriveroit incessamment pour l'épouser. Dom Pédre répondit sans hésiter, et ce fut pour faire le refus le plus formel et le plus positif. Quoi! dit le roi d'un ton sévère, y pensez-vous? J'ai donné ma parole.... — Sans me consulter. — Pouvois-je douter de votre obéissance, quand je vous propose une princesse charmante, une alliance digne de vous, et nécessaire au bonheur de l'état? — Mon sang et ma vie vous appartiennent, mais mon cœur et ma foi dépendent de moi seul. — Je veux bien excuser ce premier mouvement; la réflexion vous fera sentir combien il doit m'offenser. Allez; dans trois jours vous me rendrez réponse. Songez seulement que je n'aurai point en vain donné ma parole; et ne me forcez pas à vous ordonner en maître justement irrité ce que je viens de vous demander en père. Dom Pédre sortit sans répliquer.

Le roi rendit compte de cet entretien à Pachéco, qui affecta la plus grande surprise, et qui dit que le prince ne persisteroit sûrement pas dans un refus aussi coupable que bizarre.

A cette époque, on reçut la nouvelle que les Maures avoient fait une irruption dans une province éloignée de Lisbonne. Aussitôt le prince demanda à être envoyé contre eux. Le roi répondit qu'il falloit auparavant que l'alliance avec la Castille fût rendue publique; et le lendemain le roi, guidé par les avis de Pachéco, assembla son conseil, et y fit appeler dom Pédre. Là, en présence des plus illustres personnages de sa cour, et comme s'il eût compté sur son obéissance, après avoir détaillé tous les avantages de l'alliance projetée, il déclara solennellement qu'elle étoit arrêtée, que réciproquement les paroles étoient données, et il nomma l'ambassadeur qui devoit aller chercher la princesse. Lorsqu'il eut cessé de parler, dom Pédre garda un instant le silence.

Le roi, comme il s'en étoit flatté, crut
qu'il n'oseroit le démentir dans une assemblée si imposante. Mais dom Pédre,
se levant et s'adressant au roi, sollicita la
permission de faire la réponse que le roi
n'avoit pas voulu recevoir d'abord, et
qu'il lui avoit ordonné de méditer trois
jours. Alors il réitéra avec fermeté le
refus qu'il avoit déja fait à la première
proposition. Le roi indigné répondit d'un
ton menaçant qu'il vouloit être obéi.
L'honneur me le défend, repartit le
prince. — Comment? — Je suis marié ;
Inès de Castro est mon épouse. A ces paroles, la salle du conseil retentit d'une
exclamation de surprise qui fut universelle, et à laquelle succéda un profond
silence. Au bout de quelques minutes,
le prince, élevant la voix, et s'adressant
toujours au roi, Je sens, dit-il, toute l'é-
tendue de ma faute ; mais je suis seul

coupable : Inès fuyoit et s'expatrioit pour se dérober à mes poursuites ; toutes les séductions de l'amour n'auroient pu triompher de ses résolutions ; j'ai été forcé d'employer la violence et mille stratagêmes. Je serai fidéle jusqu'à mon dernier soupir à tous les serments qu'elle a reçus de moi au pied des autels. Si , malgré sa jeunesse et son innocence, elle devenoit l'objet de la moindre persécution (ce que l'équité du roi ne me permet pas de craindre), je la défendrois au péril de ma vie et par tous les moyens possibles. Mais que la colère du roi ne tombe que sur moi, et je m'y soumèttrai sans plainte comme sans résistance.... C'en est assez, interrompit le roi ; sortez. Le prince obéit sur-le-champ.

Le roi furieux fit arrêter dom Pèdre, que l'on conduisit dans une prison d'état; ce qui répandit dans Lisbonne une con-

sternation générale, car le prince, malgré ses défauts, étoit universellement
aimé (1).

Pachéco, consulté par le roi, dit que,
si l'on pouvoit obtenir d'Inès son consentement à la cassation de ce mariage clandestin, le prince rentreroit facilement
dans son devoir. Pachéco ajouta qu'Alonzo, tuteur d'Inès, avoit sur son esprit un
pouvoir absolu, et que, s'il se chargeoit
de cette commission, il réussiroit sûrement. Pachéco, en donnant ce conseil,
pensoit qu'Inès rejetteroit cette proposition, et que le roi seroit en même temps
et plus irrité ou persuadé qu'Alonzo
n'auroit pas agi de bonne foi; et Pachéco
vouloit perdre Alonzo, dont il redoutoit
la pénétration et la probité. Alonzo fut
mandé un soir par le roi, qui le reçut

____

(1) Historique.

tête à tête, et qui lui expliqua ce qu'il attendoit de lui. Alonzo réfléchit un moment; ensuite il dit que le roi seul pourroit engager Inès à ce grand sacrifice; mais qu'il ne faudroit pas perdre un instant, partir sans délai, aller surprendre Inès avant qu'elle pût se préparer à cette redoutable entrevue; qu'en lui parlant avec douceur, avec bonté, le roi, qu'elle révéroit du fond de l'ame, obtiendroit tout d'elle (1). Alonzo appuya ce conseil par tant d'excellentes raisons, qu'il décida le roi à partir secrètement avec lui sans aucun délai. Il laissa pour Pachéco un billet, dans lequel il l'instruisoit de cette soudaine résolution, en ajoutant qu'il l'avoit prise d'après ses propres avis.

Durant la route, Alonzo, seul avec le

_____

(1) Historique.

roi dans la voiture, n'entretint ce prince
que d'Inès; sous prétexte de la lui faire
bien connoître, il lui vanta l'élévation,
la pureté de son ame, sa douceur angélique; il lui conta les traits les plus touchants de ses amours avec dom Pédre; il
n'oublia pas de semer ce récit de quelques
réflexions sur le changement heureux
qu'elle avoit opéré dans le caractère de
ce prince; enfin il lui apprit qu'elle avoit
un fils beau comme un ange, et qu'elle
allaitoit. Il dit toutes ces choses sans nulle
affectation, parceque le roi, progressive-
ment ému, le questionnoit avec un intérêt que chaque instant sembloit accroître.

N'étant plus environné de la pompe
royale et d'une cour trompeuse, le roi,
livré à lui-même, rentroit peu-à-peu dans
le sein de la nature; il oublioit des con-
ventions sévères, et, en arrivant à Co-

nimbre, il n'étoit plus qu'un homme sensible et un père compatissant. Le roi, qui
avoit voyagé toute la nuit, arriva le matin à Conimbre. En entrant dans le palais d'Inès, il dit à Alonzo : Allez la prévenir, et sur-tout ne l'effrayons pas. Non,
non, seigneur, reprit Alonzo ; elle a une
telle confiance dans votre bonté , que
votre auguste présence ne pourra lui causer que de la joie. Le roi soupire, et suit
Alonzo, qui lui fait traverser plusieurs
piéces ; enfin il ouvre la porte de la chambre d'Inès, il fait passer le roi, qui voit
Inès, seule, assise dans un fauteuil, et
tenant dans ses bras un enfant charmant...
La beauté ravissante d'Inès, celle de l'enfant, causèrent au roi un attendrissement
si profond, que, ne pouvant retenir ses
larmes, il cacha son visage avec ses deux
mains.... Le saisissement d'Inès en apercevant le roi fut inexprimable ; mais la

vue d'Alonzo la rassura et l'enhardit. Aussitôt elle se lève, va se jeter aux genoux du roi, et, posant son enfant à ses pieds : Seigneur, dit-elle avec un accent qui alloit au cœur, ne punissez que moi; mais daignez jeter sur cette innocente créature un regard paternel, et je serai trop heureuse.... Le roi lui tend la main; Inès voit son visage baigné de pleurs. Elle se relève en prenant son enfant; le roi lui tend les bras; elle s'y précipite, elle appuie son enfant sur le cœur palpitant du roi, en disant : Voilà notre véritable asile, je n'en veux point d'autre.... Heureuse Inès! s'écrie Alonzo, vous êtes digne de jouir de ce triomphe sublime de l'innocence et de la nature!... C'en est trop, dit le roi; je n'y puis résister; mon cœur a reconnu cet enfant pour mon petit-fils; je ne le démentirai point. A ces mots il tombe dans un fauteuil, en retenant l'enfant sur ses genoux, et, ne mettant plus de bornes à sa bonté, il embrassa Inès à plusieurs reprises, en l'appelant sa fille (1). Inès, dans ce moment, le plus beau de sa vie, pensoit sur-tout à dom Pèdre, et s'écrioit : Ah! que n'est-il ici!... Elle n'osoit pas témoigner à Alonzo toute sa reconnoissance ; car elle devinoit bien qu'elle devoit son bonheur à son ingénieuse amitié ; mais ses regards parloient pour elle... Alonzo, qui en effet avoit prévu ou du moins espéré cet heureux dénouement, jouissoit délicieusement de son ouvrage.

Le roi voulut retourner à Lisbonne au bout d'une heure. Il fut convenu qu'Inès, déclarée sur-le-champ princesse de Portugal (2), n'iroit jamais à la cour, et qu'elle resteroit à Conimbre.

____

(1) Historique.
(2) Il la reconnut pour telle en effet dans cette entrevue.

Le roi, en partant, suivi par Inès jusqu'à sa voiture, l'embrassa en présence
de toute sa maison rassemblée ; et, recon-
noissant Pédrillo, écuyer de dom Pèdre,
il lui dit tout haut qu'il lui recommandoit de servir toujours avec zèle la princesse de Portugal.

Le roi en quittant Conimbre devint
silencieux et rêveur. A mesure qu'il se
rapprochoit de sa cour, il étoit obsédé
d'une multitude d'idées entièrement op-
posées à celles qui venoient de lui causer
de si vives émotions ; et ce fut en vain
qu'Alonzo tâcha de le distraire, en lui
parlant du bonheur suprême qu'il alloit
procurer à son fils. Cependant ce tableau
toucha le roi : il répéta qu'il soutiendroit
ce qu'il venoit de faire ; mais il ajouta en
soupirant qu'il ne se dissimuloit pas tous
les dangers d'une telle indulgence.

Pendant cette courte absence du roi,

l'inquiétude et la haine de Pachéco n'é-
toient pas demeurées oisives. Se doutant
bien que la vue d'Inès toucheroit profondément le roi, il ne s'occupa qu'à chercher
les moyens non seulement d'affoiblir cette
impression, mais d'y faire succéder la colère; et, dans cette intention, il excita une
émeute du peuple en faveur du prince.
Le peuple se porta en foule autour de la
prison où le prince étoit renfermé, et
demanda à grands cris sa liberté, en menaçant de briser les portes. On envoya
des troupes, qui dissipèrent ce rassem-
blement; mais on posa par-tout des corps-
de-garde, qui donnoient à Lisbonne l'aspect d'une ville en état de guerre. A deux
lieues de Lisbonne, un courrier, envoyé
au roi par Pachéco, instruisit ce prince
de cet événement, dont toutes les circonstances étoient prodigieusement exa-
gérées. Cette nouvelle produisit sur le

roi tout l'effet qu'en attendoit Pachéco;
il fut pénétré d'indignation, et sa colère
s'accrut encore en traversant Lisbonne,
qu'il vit remplie de troupes, ce qui an-
nonçoit la crainte d'un nouveau soulè-
vement. Arrivé au palais, il y trouva Pachéco, qui l'attendoit, et qui ne manqua
pas de lui dire que la sédition n'avoit été
excitée que par les amis du prince. A ce
récit, le roi s'écrie : Et j'ai eu la foiblesse
de reconnoître son mariage!... Ces paroles
attérèrent Pachéco; mais, dissimulant et
prenant sur-le-champ son parti : Hé bien!
seigneur, reprit-il, n'hésitez pas à déclarer
cette action faite avant la sédition, vous
prouverez ainsi que votre clémence n'est
point un effet de la peur; envoyez chercher le prince tandis qu'on assemblera le
conseil, et là vous lui annoncerez à-la-fois
son bonheur et son pardon; ensuite vous
l'enverrez combattre les Maures, et pen-

dant son absence on pourra penser à loisir aux mesures nécessaires à prendre
pour prévenir par la suite de semblables
révoltes. Le roi, qui ne vit dans ces conseils que de la prudence et de la générosité, les approuva et les suivit. Le prince,
tiré de sa prison et conduit dans la salle
du conseil, entendit avec ravissement le
roi son père proclamer Inès princesse de
Portugal. Et, comme dom Pédre exprimoit sa reconnoissance : C'est par vos
exploits qu'il faut la prouver, dit le roi;
les Maures envahissent nos provinces, et
sans doute la Castille nous déclarera bientôt la guerre : allez chasser les infidéles;
et, par des services éclatants, justifiez ma
clémence et ma bonté paternelles.

Dom Pédre, sans perdre de temps, rassembla des troupes et une foule de volon-
taires qui s'empressèrent de s'enrôler sous
ses drapeaux. L'amour et l'enthousiasme

que l'on fit éclater pour lui de toutes parts furent dépeints au roi comme les résultats des intrigues de ses amis; et le roi, effrayé par de perfides insinuations, crut avoir à redouter, outre les guerres extérieures, tout le danger des soulévements intérieurs et toutes les entreprises des factions les plus audacieuses.

Le prince partit pour l'armée. La route naturelle étoit de passer par Conimbre; il ne s'y arrêta que deux heures pour voir Inès; il entra dans la ville au bruit des acclamations d'un peuple immense et des cris mille fois répétés : *Vive le prince! vive la princesse!* La douce et bienfaisante Inès étoit adorée dans la province, et la nouvelle de son élévation excitoit parmi les habitants une joie universelle. Mais, sans dédaigner cet éclat si brillant qu'elle devoit à l'amour, Inès étoit accablée de douleur en songeant que dom

Pédre alloit être exposé à tous les dangers de la guerre. Elle le vit au comble de ses vœux; elle lui cacha, autant qu'il lui fut possible, ses mortelles alarmes et ses funestes pressentiments. Dom Pédre lui-même, en la quittant, sentit son cœur se déchirer; et aussitôt qu'il disparut à ses yeux elle tomba sur une chaise; et, sans pouvoir verser une larme, elle regarda fixement la porte qui venoit de se fermer sur lui, et elle resta dans un état effrayant de stupeur et d'immobilité. Elle étoit plongée dans cette douloureuse léthargie, lorsque des dames, arrivées de Lisbonne et nommées par dom Pédre pour rester auprès d'elle, entrèrent dans sa chambre, en lui disant que son salon étoit rempli par les personnages les plus considérables de la ville qui venoient lui rendre leurs hommages. Hélas! répondit Inès, suis-je en état de les recevoir?...

Et de quoi vient-on me féliciter quand
je tremble pour ses jours?... Cependant
elle se lève, et, faisant un puissant effort
sur elle-même, elle composa son visage,
et elle alla écouter des harangues et passer deux heures au milieu de deux cents
personnes. L'infortunée ne devoit connoître de la grandeur que la dure contrainte qu'elle impose et la pénible obligation de renfermer au fond de son ame
ses craintes et ses chagrins.

Sur le soir, la ville fut illuminée; on
tira plusieurs feux d'artifice. Tous les
jeunes gens de la ville, avec des luths et
des guitares, parcouroient les rues et
chantoient des romances sous les fenêtres
de leurs maîtresses, espérant que dans
ce jour d'alégresse, consacré à célébrer
l'heureux hymen d'Inès et de dom Pédre,
l'amour leur seroit plus favorable. La
malheureuse princesse, qui ne pensoit

qu'à la guerre des Maures, ne put supporter ces fêtes, ces réjouissances, qui lui
perçoient le cœur. Elle n'avoit pas encore
eu le courage d'aller revoir le château où
s'étoient écoulées les paisibles années de
son enfance et de sa première jeunesse;
elle avoit craint de se retrouver dans ce
château où reposoient les cendres de sa
grand'mère; mais elle éprouvoit un tel
besoin de s'éloigner d'un lieu où tout
respiroit la joie, qu'elle résolut d'aller
sur-le-champ passer quelques jours dans
sa terre. Elle partit seule à neuf heures
du soir, et elle arriva en moins de deux
heures. Elle se rendit aussitôt à la chapelle où se trouvoit le tombeau de
Mélinda, et prosternée elle l'arrosa de
larmes. Les regrets qu'elle donnoit à sa
mémoire sembloient la soulager; c'étoit
une sorte de distraction à une douleur
plus vive et plus profonde. Elle parcourut

ensuite tout le château, et chaque pas lui retraçoit un souvenir que sa situation actuelle rendoit amer et pénible. Elle n'étoit que depuis deux jours dans cette solitude, lorsqu'Alonzo, qui alloit rejoindre l'armée, y arriva : il mit le comble à sa tristesse, en lui avouant que l'éloignement du prince et l'obligation où il étoit lui-même de partir lui donnoient mille craintes pour sa sûreté; il ne lui cacha point qu'il avoit découvert des traits de duplicité de Pachéco, qui lui persuadoient que ce ministre si puissant nourrissoit contre elle une haine implacable, et il lui offrit de la conduire dans une retraite sûre, à cinq lieues de Conimbre, chez un de ses parents, où elle pourroit rester cachée jusqu'au retour de dom Pèdre. Il ajouta qu'elle écriroit à ses dames qu'elle avoit reçu l'ordre de dom Pèdre de se rapprocher de lui, en allant habiter *incognito* une des villes voisines du théâtre de la guerre, et que dans la nuit de ce même jour il l'emmèneroit avec une de ses femmes, et la déposeroit dans l'asile le plus sûr. Mais que craignez-vous pour moi? dit Inès. Ah! reprit Alonzo, que n'a-t-on pas à redouter d'une ame capable de vous haïr! Je crains qu'on ne vous enlève, qu'on n'attente à votre liberté, pour la faire ensuite acheter à dom Pèdre, et aux plus odieuses conditions. Enfin j'ignore ce que l'on veut faire; mais je suis certain que l'on ourdit quelque noir complot contre vous : je sais, à n'en pas douter, que Gonzalès et Coello, ces vils courtisans, créatures de Pachéco, ont fait ces jours passés un voyage secret à Conimbre..... Au nom du ciel, mettez-vous à l'abri de ces intrigues ténébreuses....Fuyez....— Non, non, je ne puis prendre un tel parti sans

le consentement de dom Pèdre. — Il vous
le prescriroit, s'il étoit instruit de tout ce
que j'ai découvert; et songez que, forcé
de partir et d'aller faire d'abord des ras-
semblements de troupes dans des lieux
où il n'est pas, je ne pourrai le rejoindre
et par conséquent lui parler que dans
trois semaines au plus tôt. Que d'événements peuvent arriver d'ici là!... — Mon
cher Alonzo, je n'ai point obéi aux volontés maternelles; j'ai été indocile, té-
méraire, présomptueuse; je serai punie,
je m'y résigne. — Vous me percez le
cœur!.... Eh quoi! dans aucune circon-
stance de votre vie je n'aurai donc pu
vous être utile!.... — Vous pouvez me
l'être dans l'un de mes plus chers intérêts.
Conimbre est mon seul asile, puisqu'il a
été choisi par dom Pèdre; mais j'accepte
pour mon fils celui que vous m'offrez:
mettons en sûreté cet enfant jusqu'au

retour de son père ; je l'ai amené ici, il
est sevré ; je dirai à Conimbre que je l'ai
envoyé respirer quelque temps l'air des
montagnes, nécessaire à sa santé. Con-
duisez-le vous-même chez votre ami avec
une de mes femmes, la seule qui le sui-
vra ; et que cette preuve d'une confiance
si intime, si parfaite, soit une expiation
de tous mes torts avec vous.

A ce discours, Alonzo ne put retenir
ses pleurs ; mais, voyant qu'il étoit impossible de vaincre la résistance d'Inès,
il se chargea de son enfant, et partit accablé d'inquiétude et de tristesse.

Inès, privée de son époux, de son enfant, et de l'ami le plus vigilant et le plus
fidèle, fut saisie d'une terreur qui ne la
quitta plus : elle retourna à Conimbre ;
elle y avoit laissé son écuyer Pédrillo,
qu'elle y retrouva malade et dans son lit.
Elle n'avoit dans sa maison de véritable

confiance qu'en lui ; et, ce dernier appui
lui manquant, son effroi n'eut plus de
bornes : toujours dans l'attente d'un événement sinistre, elle passoit des journées
pleines d'agitation et des nuits affreuses ;
elle craignoit le sommeil, et, lorsqu'elle
y succomboit, elle se réveilloit en sur-
saut, croyant toujours entendre du bruit,
et qu'on forçoit sa maison pour venir l'enlever. Ses inquiétudes sur la guerre sur-
passoient encore les tourments que lui
causoient ses frayeurs ; elle n'existoit plus
que pour craindre et pour souffrir. Cependant le prince lui envoyoit continuel-
lement des courriers de l'armée, et au
bout d'un mois elle en reçut un qui lui
apportoit des nouvelles qui suspendirent
tous ses maux. Le prince avoit remporté
une éclatante victoire, et sa santé étoit
parfaite ; mais la guerre duroit encore ;
les Maures n'étoient pas tout-à-fait ex-

pulsés du Portugal, il falloit les poursuivre et les chasser entièrement. Le premier mouvement d'Inès fut d'éprouver un
transport de joie inexprimable, de cette
joie qui manque de paroles, qui n'en
cherche point, parceque rien ne peut la
peindre, et qui fait verser des larmes si
délicieuses..... Mais la joie excessive est
bientôt épuisée. Inès, après s'être livrée
tout entière à une impression si vive,
reprit avec plus d'amertume encore le
sentiment de ses maux. Ah! se disoit-elle,
le bonheur est-il fait pour moi? Peut-on
le trouver dans un rang qui nous arrache
à notre situation naturelle? L'état où nous
nous élevons paroît être toujours une
usurpation; ceux dont nous devenons les
égaux nous dédaignent et nous haïssent,
et ceux qui ne le sont plus nous envient.
Hélas! qu'ils ont tort!.... Je souffre tous
les tourments que peut éprouver une

épouse et une mère..... O combien j'ai méconnu le bonheur de la douce obscurité!.... Infortunée! mon véritable protecteur ne peut me défendre, et mon enfant est plus en sûreté dans un asile étranger que dans mes bras!.... Rien ne pouvoit distraire Inès de ces tristes réflexions, et elle s'en pénétra tellement que sa santé en fut altérée.

Peu de jours après la nouvelle de la victoire sur les Maures, Inès reçut une lettre d'Alonzo, qui lui mandoit que, chargé par le prince d'une commission particulière pour elle, il suivroit de près sa lettre, et qu'elle le verroit incessamment. Inès attendit ce moment avec une extrême impatience. Elle devinoit qu'Alonzo, n'ayant rejoint le prince qu'au moment de la bataille, n'avoit pu lui communiquer ses craintes que depuis peu de temps, et que dom Pèdre lui faisoit don-

ner l'ordre de quitter Conimbre : c'étoit
tout ce qu'elle desiroit. Ses frayeurs lui
rendoient odieuse la ville de Conimbre;
un secret pressentiment l'avertissoit que
si elle en pouvoit sortir seule et sans suite
elle éviteroit la plus noire destinée. Elle
avoit donné à son fils la seule personne
en qui elle eût confiance, à l'exception
de Pédrillo; mais ce dernier étoit toujours
malade. Enfin elle avoit du moins la certitude qu'Alonzo étoit en route, qu'il venoit la chercher pour la réunir à son enfant, et dans un asile à l'abri de toute
persécution. Il lui sembloit que la seule
vue de cet incomparable ami dissiperoit
toutes ses craintes et la préserveroit de
tout malheur; elle connoissoit son zéle,
son activité, son généreux dévouement;
elle le voyoit accourir vers elle et voyager
nuit et jour; elle le supposoit avec raison
à peu de distance de Conimbre; elle at-

tendoit et à chaque minute ce retour si desiré, et cependant elle ne l'espéroit pas. Une voix intérieure et funèbre lui disoit: *Il arrivera trop tard....* Durant tout le cours de cette journée, Inès fut plongée dans une invincible rêverie et dans une telle distraction, qu'elle ne voyoit et n'entendoit rien de tout ce qui se passoit autour d'elle. Ne pouvant rester en place, et voulant se soustraire à l'importune société de ses dames, elle erroit seule dans son palais, et de temps en temps elle s'arrêtoit en tressaillant, croyant entendre monter précipitamment l'escalier ou le bruit d'une voiture entrant dans les cours. Ce mouvement étoit mêlé de joie et d'épouvante, ne sachant si l'on venoit pour l'enlever ou si c'étoit Alonzo, son libérateur.... Une réflexion assez naturelle portoit au comble son effroi : elle pensoit que, si en effet Pachéco tramoit contre elle quelque noir dessein, il n'avoit plus de temps à perdre pour l'exécuter, puisque le prince alloit revenir couvert d'une gloire éclatante, et qui, en le rendant plus digne encore de l'admiration et de l'amour du peuple et de la nation, lui donneroit par conséquent plus de moyens de la protéger et de la défendre. Hélas! se disoit-elle, sa gloire même nous sera nuisible, puisqu'on a trouvé les moyens de le rendre suspect au roi! S'il vient assez promptement pour me sauver, il sera persécuté personnellement, et j'en serai la cause!... Si je succombe aux efforts de la haine, il voudra me venger, et, pour y parvenir, il se perdra s'il le faut.... Le fidèle Alonzo sera enveloppé dans nos malheurs; quel prix d'un attachement si tendre et si magnanime! et, au milieu de cette lutte affreuse, que deviendra mon fils!... O mon cher, mon unique enfant, objet touchant de mes plus vives alarmes, tu seras la victime innocente du destin rigoureux de ton imprudente mère!... Ces pensées lui ravissoient tout son courage; elle ne voyoit autour d'elle que des abymes; nulle supposition consolante ne s'offroit à son imagination, et son danger lui paroissoit si pressant, que chaque minute augmentoit le trouble mortel de son ame. Dans cette même journée un triste événement acheva de l'accabler. Pédrillo tout-à-coup fut réduit à la dernière extrémité. Il lui fit dire mystérieusement par sa garde qu'il avoit quelque chose d'important à lui révéler. Au moment même elle va chez lui; elle le trouva expirant. Cependant, à sa voix, il entr'ouvrit les yeux, et lui dit: Défiez-vous de.... — Et de qui? grand Dieu!... Il ne put répondre; la mort pour jamais venoit de lui couper la parole.... Ainsi donc, dit Inès en versant des larmes amères, il emporte dans la tombe un avis important!... Elle se hâta d'aller s'enfermer dans son cabinet; elle se jeta sur un lit, en répétant avec saisissement : de qui dois-je me défier?... Elle voulut questionner la garde de Pédrillo; elle apprit que cette femme étoit sortie précipitamment du palais. Inès cacha à tout ce qui l'entouroit cette courte et funeste entrevue avec l'infortuné Pédrillo; mais cette idée la poursuivit dans tous les instants. Tout sembla se réunir dans cette journée pour frapper son imagination. Les astronomes avoient annoncé pour le lendemain une éclipse effrayante (1). Des idées superstitieuses faisoient généralement redouter ce phénomène;

____

(1) Il y eut en effet à Conimbre, vers ce temps, l'éclipse de soleil la plus complète que l'on ait jamais vue en Europe. Voyez le *Dictionnaire de Bomare*, mot *Eclipse*.

Inès ne partageoit que trop ces vaines inquiétudes. Le soir elle se mit au lit plus tard que de coutume; elle fuyoit la société, et elle redoutoit la morne solitude et le silence de la nuit. Au milieu des agitations d'un sommeil convulsif elle rêva qu'elle voyoit son fils couché dans une chambre tenduc de noir, et Alonzo vêtu de longs habits de deuil, et baigné de pleurs, à genoux auprès du berceau de l'enfant.... Elle se réveille en frémissant, et, avec une violente palpitation de cœur, elle appela ses femmes, et se leva avec une tristesse et une terreur que sa raison combattoit vainement. Elle se traîne vers une fenêtre, elle l'ouvre, et s'appuie sur un balcon d'où l'on découvroit le Mondégo, et, dans le lointain, ses rives enchantées parsemées de belles plantations et de maisons de plaisance. Le jour venoit de paroître. Inès aperçoit

dans ce riant tableau une jolie chau-
mière isolée, à moitié cachée sous l'ombrage épais d'un bois de tilleuls et de
citronniers. Les yeux appesantis d'Inès
s'attachent sur cette humble demeure.
Que ne suis-je née, s'écria-t-elle, dans
cette paisible habitation, où l'on ne craint
ni les complots de la haine, ni les crimes
de l'ambition et de l'orgueil!... Que dis-
je? hélas! la tendresse maternelle ne m'a-
voit-elle pas préparé la destinée la plus
pure et la plus tranquille? Si je n'avois
pas méprisé sa sage prévoyance, rien n'auroit pu troubler ma vie!... Ah! si l'amour
n'eût exposé que moi, je suis aimée, pourrois-je me repentir!... Mais mon fatal
hymen rassemble tant de périls sur la tête
de dom Pèdre et sur celle de mon fils! et
peut-être attirera-t-il sur mon pays toutes
les calamités que la guerre entraîne avec
elle, et ces fléaux terribles seront les fruits

amers de ma folie et de mon imprudence!... Souffrons, gémissons sans mur-
murer, j'ai mérité mon sort! Puisse le ciel
ne prendre que moi pour victime! En parlant ainsi, Inès élève vers les cieux ses tristes regards; elle frissonne en voyant l'éclat
du jour s'affoiblir.... On étoit au mois
d'août; l'air étoit brûlant; toute la nature
paroissoit alarmée; on entendoit au loin
les mugissements du taureau et du buffle;
les oiseaux se heurtoient en volant, et
tomboient sur la terre, comme si l'effroi
leur eût ôté l'usage de leurs facultés naturelles; le soleil, en retirant par degrés sa
lumière bienfaisante, sembloit abandonner la création consternée et la livrer
à quelque grande catastrophe.... un voile
sombre s'étendoit sur les rives délicieuses
du Mondégo; Inès ne distinguoit plus qu'a-
vec peine les maisons et les arbres; elle
croyoit voir la rive s'éloigner d'elle, com-

me dans un vaisseau quittant le port on voit tous les objets se décolorer, se couvrir d'abord d'un léger brouillard et bientôt se perdre dans la vague et s'anéantir sous l'œil attristé qui les regrette et les cherche en vain.... Ainsi nous échappent le bonheur fugitif et la joie trompeuse!... Inès, foible et tremblante, étoit pénétrée de cette douloureuse et profonde mélancolie qui saisit l'ame tout entière et qui n'y laisse place qu'à la souffrance. Pouvant à peine se soutenir, elle rentra dans son cabinet, et, croyant qu'elle alloit se trouver mal, elle appela ses femmes. Un valet de chambre, qui la servoit avec une assiduité remarquable, accourut aussitôt, et, voyant Inès prête à s'évanouir, il lui rappela qu'elle étoit à jeun, et lui offrit un verre d'eau et de vin, qu'elle accepta, et qui lui fut apporté au moment même. Inès le but, et le valet de chambre se hâta de sortir. Elle resta seule, et au bout de quelques minutes elle se sentit si mal que pour la seconde fois elle appela ses femmes. Mais personne ne répondit.... Elle ne pouvoit avoir recours à ses dames, qui étoient logées à l'autre extrémité du palais.... Elle appela encore et à plusieurs reprises, mais toujours inutilement.... Alors l'infortunée répéta en frémissant les dernières paroles de Pédrillo : *Défiez-vous de*.... Eh quoi! dit-elle, suis-je abandonnée de l'univers entier?.... Cependant, la frayeur ranimant ses forces défaillantes, elle appelle à haute voix ; et pour cette fois elle entendit marcher à grands pas.... Tout-à-coup la porte s'ouvre, et, au lieu de ses femmes, elle voit paroître trois hommes armés de poignards. Son sang se glace dans ses veines. Elle a reconnu Pachéco, Gonzalès et

Coello (1)..... Elle se voit entourée d'assassins! Elle appelleroit en vain à son
secours l'amour et l'amitié, sa foible voix
ne peut être entendue; elle est seule,
livrée sans défense à toute la barbarie
d'une haine forcenée.... Cependant à sa
vue Pachéco reste immobile un instant;
il contemple avec un désespoir féroce
cette beauté céleste qui avoit rejeté ses
vœux; plus il l'admire, et plus sa rage
augmente..... La malheureuse Inès se
jette à genoux, non pour implorer ses
bourreaux, mais pour adresser au ciel
une dernière prière : O Dieu! dit-elle,
protége du moins mon époux et mon
fils!.... Ton époux!.... s'écrie avec fureur Pachéco, il paiera cher ton amour
insensé; je saurai l'atteindre; vous serez
bientôt réunis dans la tombe.... J'ai déja

____

(1) Historique.

su gagner tes domestiques, me défaire
de l'insolent Pédrillo, m'emparer de ton
palais.... Tu m'as dédaigné, méprisé, et
cette main qui vouloit s'unir à la tienne,
cette main repoussée par ton orgueil, ne
veut plus que du sang.... Tu vas périr!...
Comme il disoit ces mots sans avancer
encore, un sombre nuage semble descendre des cieux et se placer entre Inès et lui
pour lui dérober sa victime.... Il frissonne;
il lève les yeux vers les fenêtres, et voit
disparoître le jour, et de profondes ténèbres succéder à la lumière.... L'éclipse,
commencée depuis deux heures, devenoit
complète.... Inès, ranimée par un foible
espoir, se traîne vers une porte placée à
l'autre extrémité du cabinet. Pachéco,
entendant qu'elle cherchoit à s'échapper,
s'avance pour la saisir; mais, dans cette
obscurité, il rencontre une table, se
heurte, et tombe.... Tu fuis vainement,

lui cria ce monstre ; tu n'éviteras pas ton sort ; un poison mortel circule dans tes veines.... Je voulois m'assurer par moi-même de ma vengeance, et l'achever en lavant dans ton sang le plus cruel affront..... Mais, si tu m'échappes, du moins tu n'échapperas pas à la mort.... A ces terribles paroles, Inès croit entendre la voix même de l'inexorable destin ; toutes ses forces l'abandonnent ; elle s'évanouit..... Cependant les complices de l'infame Pachéco lui représentèrent qu'ils auroient de la peine, au milieu de cette obscurité, à retrouver leur chemin dans ce palais, et à en sortir, malgré les clefs dont ils étoient munis. L'exécrable valet de chambre qui avoit introduit ces scélérats par une porte de derrière vint les prendre, les conduisit, et sortit avec eux. Ils trouvèrent des chevaux et partirent ; mais la Providence ne les laissa fuir qu'en leur réservant les châtiments affreux dus à l'énormité de leurs crimes (1).

Tous les gens d'Inès, ses femmes, ses domestiques, à l'exception de ceux qui gardoient les grandes portes, corrompus par l'or de Pachéco, avoient pris la fuite. Il restoit encore dans un autre corps-de-logis deux pages, un écuyer, et les gens de l'écurie : mais les portes de communication étoient toujours fermées en-dedans du côté de la princesse; on ne les ouvroit qu'à neuf heures; il n'étoit pas huit heures, et presque tout le monde étoit encore endormi. Les dames, qui logeoient au bout du palais, ne se réveillèrent qu'après la fuite des meurtriers. Leurs femmes, effrayées de l'éclipse to-

---

(1) Historique. Mais cette scène désastreuse est beaucoup plus horrible dans l'histoire; on a supprimé des traits inouis de la férocité de Pachéco et de ses complices.

tale, n'avoient point de lumière. On se leva dans les ténèbres, on appela, et le silence profond du palais épouvanta plus encore que l'obscurité..... On chercha l'escalier, on le descendit en tremblant et à tâtons. Dans ce moment, on entendit un grand bruit aux portes du palais ; on les ouvre, c'étoit Alonzo : ses gens portoient des flambeaux ; il entre. Alonzo est saisi d'étonnement et frappé de terreur en parcourant, à travers les ombres de cette nuit prématurée, ce palais muet et désert. Il avance en frémissant : tout ce qui le suit partage sa surprise et son effroi.... Il rencontre les dames de la princesse, il les questionne : leurs réponses accroissent son trouble affreux.... Tout lui rappelle cette nuit effroyable où pour la première fois il vit le triste objet de ses premières amours, et sur un lit de mort..... En entrant dans la chambre

d'Inès, il l'appela d'une voix entrecoupée
et lamentable.... Le profond silence qui
régnoit dans tout cet appartement ne lui
laissa plus de doute sur la réalité d'un
grand malheur; mais il étoit loin de deviner le forfait inoui qui venoit de se
commettre.... Grand Dieu! s'écria-t-il,
elle a été enlevée!.... Dans ce moment,
le jour commençoit à renaître. Alonzo
aperçoit une porte ouverte au bout de la
chambre : il veut visiter ce cabinet, il y
va; à peine y a-t-il mis le pied, qu'il
pousse un cri lamentable..... Il voyoit
Inès, pâle, les yeux fermés et sans mouvement, étendue sur le plancher..... Il
crut qu'elle n'existoit plus. Néanmoins
il la prend dans ses bras, et la porte
sur un lit. C'est ainsi, dit-il, que j'ai
vu ta mère infortunée..... Le malheur
ne peut ni se terminer, ni changer pour
moi; il se renouvelle avec la même

horreur et les mêmes tourments......

Cependant les dames d'Inès lui prodiguent tous les secours qui pouvoient lui rendre l'usage de ses sens. Inès donne quelques signes de vie. Alonzo transporté reprend l'espérance; il croit renaître avec Inès..... Elle ouvre enfin des yeux languissants, qui s'attachent sur Alonzo; elle lui tend une main glacée. Cher Alonzo, dit-elle d'une voix éteinte, je bénis le ciel, qui m'accorde la consolation de vous revoir pour la dernière fois.... — Que dites-vous? Non, non, rien ne troublera plus votre vie; je réponds désormais de votre sûreté.... — Il n'est plus temps.... vous arrivez trop tard.... — Comment?... — Je suis empoisonnée... — Juste ciel!... Qu'on aille chercher tous les secours.... — Ils seroient inutiles.... Modérez la colère de dom Pèdre; dites-lui qu'Inès mourante lui demande d'honorer sa mémoire par la

clémence..... Ami fidéle! adieu ; veillez
sur mon fils.... O Dieu! daigne exaucer
les derniers vœux de mon cœur ; par-
donne-moi ma foiblesse et mon imprudence ; protége ce que j'aime, et que je
ne sois ni oubliée, ni vengée..... A ces
mots, elle jette un dernier regard sur le
malheureux Alonzo, qui la tenoit dans
ses bras, et elle expire sur son sein.....
Qui pourroit décrire le désespoir du généreux et sensible Alonzo!... Ce moment
d'une angoisse et d'une horreur inexprimables lui rendoit en même temps toutes
les douleurs de sa jeunesse : prêt à succomber à cette affreuse réunion de peines
déchirantes, la pâleur de la mort sur le
front et l'égarement dans les yeux, il
serroit contre son cœur cette infortunée
victime de l'amour et de la haine..... Il
croyoit s'unir à elle en s'abreuvant de
douleur.... Son écuyer l'arracha de ce

triste lieu, et l'emporta presque sans connoissance dans une pièce éloignée de ce funeste appartement.

Tandis que ces scènes tragiques se passoient à Conimbre, le barbare Pachéco retournoit à Lisbonne. Avant d'en partir, il avoit effrayé le roi sur la guerre avec la Castille, et en même temps, par d'insignes calomnies, il avoit perdu Inès dans l'esprit du roi, qui lui donna l'ordre d'aller l'arrêter, si elle refusoit de donner son consentement par écrit à la cassation de son mariage. Pachéco, avant de partir, répandit le bruit qu'Inès étoit dangereusement malade. Il revint, en disant qu'il n'avoit pas été jusqu'à Conimbre, parcequ'il avoit appris sa mort....

Cependant dom Pédre, ayant terminé son expédition contre les Maures plus tôt que ne l'avoit cru Alonzo, revint avec une extrême diligence à la tête de ses

troupes triomphantes. Un courrier envoyé par Alonzo, et qui le joignit à peu
de distance de Conimbre, lui apprit l'horrible catastrophe qui devoit bouleverser
pour jamais son caractère et sa destinée.
Quand ce malheureux prince reçut ce
funeste message, il étoit entré pour quelques instants, avec Garcias et Alvarès,
dans une maison isolée qui se trouvoit
sur sa route..... Frappé, comme si la
foudre eût tombé sur sa tête, il resta
pétrifié sans proférer une parole.... Alvarès et Garcias questionnèrent en sa
présence le courrier, qui leur dit que le
scélérat qui donna le breuvage empoi-
sonné, ayant été pris par les soins d'A-
lonzo, et convaincu d'avoir d'abord em-
poisonné Pédrillo, avoit tout avoué, en
prouvant que Pachéco et ses complices
l'avoient suborné et depuis long-temps;
le courrier ajouta que ce misérable avoit

été exécuté dans la matinée de ce même jour, avec deux autres domestiques dénoncés par lui, qui s'étoient cachés dans Conimbre, et auxquels on avoit arraché les mêmes aveux. Pendant ce récit, Alvarès et Garcias fondoient en larmes. Ils s'approchèrent du prince pour lui dire quelques mots; et dom Pédre levant sur eux des yeux étincelants, Ce ne sont pas des pleurs qu'il faut verser, dit-il, c'est du sang!.... Qu'on ne me parle plus désormais de modération, d'humanité, de gloire..... Je n'ai plus qu'un sentiment, l'horreur du genre humain et de la vie.... Je n'ai plus qu'une passion, la vengeance.... A ces mots, il se tourna vers le courrier, en lui ordonnant de repartir, et d'aller dire à Alonzo de venir sur-le-champ le retrouver dans le lieu où il étoit. Ensuite il écrivit au roi, pour lui demander de lui livrer Pachéco, Gon-

zalès et Coello. La lettre finissoit par ces
mots : « Si vous hésitiez, seigneur, à me
« livrer ce monstre infernal et ses com-
« plices, songez que j'ai sous mes ordres
« une armée victorieuse, et que je suis
« au comble du désespoir. »

Dom Pèdre envoya cette lettre par un
courrier, qu'il fit partir aussitôt devant
lui. Après avoir donné tous ces ordres,
il alla haranguer son armée, pour lui
demander de le seconder dans sa vengeance. Tous les cœurs s'émurent au
récit de la mort tragique d'Inès, et l'on
jura par acclamation de suivre en tous
lieux son malheureux époux, et de lui
obéir.

La douleur de dom Pèdre non seulement n'avoit rien de tendre et de pathé-
tique, mais elle avoit quelque chose de
sombre et de féroce qui faisoit frémir :
il sembloit qu'il trouvât une jouissance

cruelle à l'aigrir encore en ne la ména-
geant pas. En parlant de la perte de cette
épouse adorée, il n'employoit aucune de
ces expressions adoucies que la délicatesse de la sensibilité trouve si naturellement ; car alors il est des mots, des
paroles que l'on ne pourroit prononcer
sans un horrible déchirement de cœur.
Mais dom Pèdre au contraire vouloit
aggraver ses maux, afin de proportion-
ner sa vengeance à son désespoir.

Au moment où ce prince, quittant
ses troupes, rentroit dans la maison,
Alonzo arriva. En revoyant ce fidéle ami
d'Inès, le prince montra un attendrissement qu'on n'avoit point remarqué en
lui depuis son malheur ; mais, indigné
contre lui-même de pouvoir éprouver
encore un autre mouvement que ceux
de la fureur, il se hâta d'essuyer les
larmes brûlantes qui rouloient dans ses

yeux. Alonzo, dit-il d'un ton sévère,
pourquoi avez-vous disposé de la destinée de cet empoisonneur? Seigneur,
répondit Alonzo, je n'en ai point disposé; je l'ai remis entre les mains de la
justice. — La justice!.... Dans la puni-
tion d'un tel crime, c'est moi seul qui
suis *la justice....* — Ce misérable a été
exécuté.... — Et il devroit encore exister
dans les tortures.... — Seigneur, les dernières paroles de la princesse ont exprimé
des sentiments de clémence et d'humanité.... — Je veux les ignorer.... — Elle
m'a ordonné de vous les redire.... — Je
vous le défends. Sa mort me dégage d'une
obéissance qui ne se seroit jamais dé-
mentie; l'amour, l'admiration et le bonheur en étoient les garants.... Aujour-
d'hui je n'ai plus qu'un devoir.... Il faut
la venger. — Vous remplirez mieux encore, seigneur, un devoir plus sacré.

celui d'honorer sa mémoire par vos vertus.
— C'est en faisant regretter cette femme
céleste que j'honorerai sa mémoire.....
Qui ne sait pas l'empire absolu qu'elle
avoit sur moi? qui ne sait pas à quel
point elle avoit changé mon caractère?...
On verra ce qu'on a perdu en perdant
cet ange tutélaire. J'associerai toutes les
ames à ma douleur sans mesure; le Portugal entier la pleurera.... — Non, non,
seigneur; celui qu'elle aima doit obtenir
l'amour universel..... — Celui qu'elle
aima ne veut plus inspirer que la terreur
et la haine (1)..... N'en parlons plus....
Alonzo, qu'avez-vous fait de son cercueil?.... — Il est déposé dans la cathé-

____

(1) Ce prince, en effet, après la mort d'Inès,
montra une férocité égale à son désespoir: ce fut
lui qui, parvenu à la couronne sous le nom de *Pèdre*
ou *Pierre Ier*, reçut l'affreux surnom de *Pierre-le-
Cruel.*

drale de Conimbre. — Me répondez-vous de la sûreté de mon fils? — Oui, seigneur. Il est toujours dans un asile ignoré, mais dans des mains fidèles. — Allez veiller sur lui; je vous confie ses jours et son éducation. Vivez, Alonzo, pour lui donner les vertus de sa mère; c'est à lui qu'il appartient d'en retracer le souvenir.... Je remplirai ma noire destinée; mais je veux que l'enfant d'Inès soit aimé (1).

Alonzo, épouvanté de cet entretien, retourna à Conimbre avec une peine de plus, celle de gémir d'avance sur le sort des peuples que ce malheureux prince devoit gouverner.

Dom Pédre, à la tête de ses troupes, partit aussitôt et avec la rapidité d'un torrent dévastateur; il alla fondre sur les

____

(1) Cet enfant par la suite monta sur le trône sous le nom de Jean Ier.

provinces dans lesquelles étoient situées
les immenses possessions de Pachéco et les
terres de ses complices; il les ravagea sans
pitié, coupa tous les arbres, détruisit toutes les cultures, abattit et brûla tous les
châteaux; et sa rage, anéantissant l'abon-
dance et rendant inutile l'heureuse fé-
condité des champs, ne laissa par-tout
que des ruines et des cendres (1).

Tandis qu'il se livroit à tous les excès
d'une vengeance effrénée, Pachéco, instruit de ses fureurs, faisoit tous ses efforts pour déterminer le roi à faire marcher des troupes pour les opposer à ce
prince; mais, dans ces entrefaites, le roi,
frappé d'apoplexie, mourut subitement.
Aussitôt Pachéco, accompagné de ses
complices, se sauva. Ces scélérats eurent
le bonheur d'arriver en Castille, où la

____

(1) Historique.

reine les suivit de près. Dom Pédre, en apprenant ces nouvelles, dirigea sa marche vers Conimbre. Là, il fit mettre le cercueil de sa malheureuse épouse dans un char funéraire, sur lequel étoient placés son fils et Alonzo. L'enfant, d'une beauté ravissante, étoit dans les bras d'Alonzo, vêtu de deuil ainsi que lui. Dom Pédre et ses principaux officiers à cheval escortoient le char; l'armée suivoit. Ces guerriers, qui avoient acquis tant de gloire à la bataille gagnée contre les Maures, portoient tous leurs lances baissées en signe de deuil ; ils étoient couronnés de lauriers et de cyprès, mêlant ainsi la douleur à la gloire, les larmes aux triomphes ; réunion qui dans tous les temps n'est que trop naturelle après de grands exploits militaires.... Cette armée victorieuse et lugubre ne fit son entrée à Lisbonne qu'à la nuit. Par les ordres du

nouveau roi, toutes les rues étoient illu-
minées et tendues de noir. A peu de
distance des portes, le cortége passa sous
un arc de triomphe éclairé par une multitude de cierges et de torches funèbres,
et décoré de branches et de guirlandes
de cyprès. Ce fut là que le clergé rejoignit le roi, et qu'il entoura le char; ses
hymnes religieux et funèbres rendirent
plus frappante encore cette pompe extraordinaire et solennelle. Un peuple
immense suivoit dans un profond silence
ce cortége imposant. Nul signe de ré-
jouissance n'accueillit ce nouveau règne
commencé sous de si noirs auspices.....
Nulle acclamation n'interrompit les tristes chants de la douleur et de la mort....
La jeunesse du roi, sa vaillance, son tragique malheur réunissoient sur lui tous
les genres d'intérêt; tous les cœurs étoient
émus, et l'on éprouvoit en même temps

une espèce de saisissement qui ressembloit à la terreur. Cette consternation universelle étoit l'unique hommage qui pût plaire au roi ; elle se trouvoit en harmonie avec la situation de son ame à-la-fois abattue, flétrie et bouleversée. La mélancolie n'étoit plus pour lui que l'excès de la tristesse la plus noire, et sa douleur qu'une irritation furieuse que la religion seule auroit pu apaiser : mais il repoussoit ce secours salutaire ; il ne voyoit dans l'emportement de ses regrets et dans la férocité de ses ressentiments que la preuve d'un grand caractère, tandis qu'au contraire la violence étant toujours un abandon de la raison, nul degré de force morale ne peut se trouver dans la rage ; la force héroïque, au milieu des situations désespérées, réside tout entière dans la patience, le calme et la modération. Le cortége se rendit à la cathédrale, où le cercueil de la princesse fut placé sur un superbe catafalque. Lorsqu'on eut célébré l'office des morts, le roi se retira précipitamment pour aller se renfermer dans son palais. On lui demanda à quelle heure il recevroit le lendemain, dans la salle du trône, les différents ordres de l'état qui viendroient lui prêter serment de fidélité ; il répondit seulement : *Après le couronnement de la reine.* On eut bientôt l'explication de ces étranges paroles. Le roi fit donner l'ordre de quitter le deuil pour le lendemain matin, d'orner la cathédrale, de la décorer de caisses d'orangers, et d'y préparer toute la pompe nécessaire *au couronnement de la reine Inès.* On obéit avec terreur. Le roi, revêtu d'habits magnifiques, se rendit à l'église ; son air sinistre et farouche altéroit la beauté de ses traits, et en effaçoit la fraîcheur de la jeunesse; il étoit impossible de soutenir son regard sans frissonner. Il fit ouvrir le cercueil; ensuite il dit d'une voix tonnante : Éloignez-vous; un bras vengeur a seul le droit de toucher les restes précieux de l'innocente victime du plus exécrable forfait.... A ces mots, il s'approche en pâlissant; il jette les yeux avec horreur sur ce corps inanimé, enveloppé de linceuls; il hésite à lever le voile funéraire qui couvre ce visage défiguré dont il a tant admiré l'éclat et la beauté..... Tout-à-coup il se ranime, ses joues se colorent; il s'écrie avec le transport le plus effrayant : *Je veux m'enivrer de ta vengeance*..... et il arrache les linceuls qui cachoient cette tête adorée devenue la proie de la mort, et qui n'a conservé de tous les charmes dont la nature l'avoit ornée qu'une admirable et longue chevelure, qui se déploie et tombe sur le sein palpitant et déchiré de son malheureux époux..... Le roi éperdu enveloppe le corps d'Inès dans un superbe manteau de drap d'or couvert de pierreries, et l'assied sur un trône. Alors, bravant la mort par une illusion insensée, profanant la sainteté des autels par des imprécations de vengeance, et dans l'orgueil du rang suprême et de la passion en délire, croyant pouvoir donner de la grandeur au néant, il pose la couronne royale sur la tête de ce corps privé de la vie (1), en faisant avec fureur le serment terrible et solennel de déclarer sans délai la guerre à la Castille, si elle refuse de lui livrer les assassins de son épouse (2)....

------

(1) Description du second tableau.
(2) Historique.

Peu de temps après, ces scélérats lui furent livrés par la Castille. Dom Pédre déshonora son amour, sa douleur et son règne par des vengeances atroces (1). Ce prince véritablement infortuné, dont l'amour et le bonheur auroient pu faire un grand homme, sera plaint de toutes les ames sensibles, car il sut aimer....

---

(1) Historique.

FIN.

~~~~~~

NOTICE DE LIVRES BROCHÉS,

Nouveaux et autres, qui se trouvent chez MARADAN, *Libraire à Paris, rue Guénégaud, n° 9.*

LIVRES NOUVEAUX.

CONFESSIONS DE MADAME *** ; principes de morale pour se conduire dans le monde. 2 vol. in-12.   5 fr.

Ce livre, publié par un de nos littérateurs les plus distingués, est réellement l'ouvrage d'une femme de beaucoup d'esprit. Entrée de bonne heure dans le monde, exposée à tous les genres de séductions, elle s'entretient avec elle-même sur les moyens d'en triompher, et elle y réussit parfaitement. Sa conversation plaît, attache, intéresse ; elle n'offre que de beaux exemples et de bonnes maximes ; « et c'est précisément en cela (a dit le *Journal de Paris* « du 15 mars) que la lecture de ce livre doit être recommandée dans toutes « les maisons d'éducation. » Les vertus et les vices de ceux qui ont vécu offrent également d'utiles leçons à ceux qui ont à vivre. — « Quand elle parle « de ses qualités (dit le *Journal des Débats* du 29 mars), elle ne se trompe « pas. Quand elle parle des défauts qu'elle a et qu'elle aime, elle plaît, amuse « et instruit ; mais elle n'est jamais aussi piquante que dans les efforts qu'elle « fait pour se défendre des défauts qu'on lui reprochoit généralement, et « qu'elle ne croyoit pas avoir. C'est un des ouvrages publiés de nos jours où « les gens d'esprit et de bonne société se retrouveront avec le plus de plaisir. »

LES CHEVALIERS NORMANDS EN ITALIE ET EN SICILE, et Considérations générales sur l'Histoire de la Chevalerie, et particulièrement sur celle de la Chevalerie en France ; par *madame Victorine de Chastenay.* 1 vol. in-8.   5 fr.

La conquête de la Sicile par les Chevaliers normands est un des morceaux les plus intéressants de notre histoire. L'héroïsme françois y paroît dans tout son éclat. L'auteur fait de cet heureux sujet un tableau charmant où la grace s'unit à la vérité des monuments historiques. L'introduction savante qui le précède, et les observations sur la chevalerie qui le suivent, sont parfaitement en harmonie avec l'objet principal de cet ouvrage que l'on doit à la plume élégante qui a enrichi notre littérature du Génie des peuples anciens.

TABLEAU HISTORIQUE DE L'ÉTAT ET DES PROGRÈS DE LA LITTÉRATURE FRANÇAISE, depuis 1789 ; par *M. Marie-Joseph de Chénier.* Deuxième édition, augmentée d'une table alphabétique des auteurs anciens et modernes, nationaux et étrangers, mentionnés dans cet ouvrage. 1 vol. in-8.   6 fr.

Le mérite de cet ouvrage est généralement senti et reconnu. Tous les savants et les littérateurs qui ont marqué dans le dix-huitième siècle, et particulièrement depuis 1789, y sont appréciés avec une franchise et une impartialité dignes d'éloges. Sous ce point de vue, c'est un supplément nécessaire au Cours de littérature de La Harpe, qui s'est arrêté à-peu-près à cette époque. Une analyse raisonnée et critique de ce Cours, par M. Chénier, rend de plus son ouvrage très recommandable à toutes les classes de lecteurs, et plus spécialement à ceux qui, se destinant à la carrière des lettres, sentent le besoin de former leur jugement en éclairant leur goût.

CHARLES BARIMORE. Troisième édition. 1 vol. in-8, grand papier, fig.   5 fr.

--- Le même, papier vélin, fig.   10
~~~~~~

De l'Instruction, ouvrage destiné à compléter les connoissances acquises dans les Lycées, les Colléges et les maisons d'Éducation ; par *M. F. C. Turlot.* 1 vol. in-12, avec un tableau gravé.   3 fr.

Cet ouvrage, qui manquoit à notre littérature, est un supplément nécessaire à tous ceux qui traitent de l'éducation publique. En présentant une brillante esquisse des productions de l'esprit humain dans tous les genres, il offre une méthode et un choix de lectures les plus propres à perfectionner les premières études qui restent presque toujours insuffisantes à ceux qui manquent d'un guide pour en tirer quelque fruit. C'est un livre élémentaire, regardé comme classique.

Valsinore, ou le Cœur et l'Imagination. Traduction de l'anglois de *Miss Benger.* 2 vol. in-12.   4 fr.

Histoire de Henri-le-Grand, par *mad. la comtesse de Genlis.* Seconde édition. 2 vol. in-12.   6 fr.

La première édition de cet intéressant ouvrage, destiné pour un temps de paix et de calme, parut le 17 mars 1815. L'orage imprévu qui vint alors ravager les fruits naissants de l'administration légitime, et qui faillit à perdre de nouveau la liberté publique, ne permit pas de l'annoncer dans les journaux. Malgré des circonstances si défavorables, l'ouvrage fut connu, et l'intérêt qu'il inspira devint si général, que l'édition entière fut épuisée en peu de temps. Les gens de goût ont remarqué que cette Histoire se distinguoit par le naturel du style, par la touchante simplicité qui conviennent au portrait du plus loyal des Princes, et par cette sévérité de pinceau qui n'exclut pas les graces : qualités que l'on s'est plu toujours à reconnoître dans les écrits où l'auteur a consacré sa plume aux plus nobles souvenirs, comme aux sentiments les plus purs et aux doctrines les plus salutaires. Aux narrations intéressantes, aux idées de grandeur d'ame et de touchante simplicité qui naissent naturellement du sujet, mad. de Genlis a quelquefois mêlé habilement ces vues que le temps seul et l'expérience peuvent fournir, et qui n'ont pu se présenter aux premiers historiens de Henri IV. On peut donc dire que, sous les divers rapports, cet ouvrage est absolument neuf, et qu'il contient sur la vie et les circonstances du règne de ce bon Prince une infinité de détails précieux que l'on chercheroit vainement dans ceux du même genre qui l'ont précédé.

Fables nouvelles, dédiées à S. A. R. Madame, duchesse d'Angoulême ; par *M. Jauffret.* 2 vol. in-12, ornés de 6 jolies grav. 6 fr.

Ces nouvelles Fables ont obtenu un succès mérité. Presque tous les sujets sont de l'invention de l'auteur, qui s'est placé, par cette agréable production, à côté de Florian, le seul des fabulistes qu'on relise avec plaisir après La Fontaine. Les moralités de ses apologues sont piquantes ; la versification est harmonieuse, naturelle, facile et riche ; son style, tantôt se joue avec légèreté, tantôt se développe avec grace, et quelquefois même déploie de la vigueur et de l'énergie. « Quoiqu'il vienne après tant d'autres, dit un de nos critiques « les plus estimables, il moissonne à pleines mains dans ce champ où la foule « de ses prédécesseurs sembloit n'avoir rien laissé à recueillir ; et ses sujets « ont une fraîcheur et une originalité qui réveillent l'attention..... On y re- « connoît cette grace pure d'imagination et cette suavité de pinceau qui dis- « tinguent les idylles publiées autrefois par l'auteur, sous le titre des *Charmes* « *de l'enfance et des plaisirs de l'amour maternel.*..... Ces apologues sont « dédiés à Madame, duchesse d'Angoulême ; l'auteur les lui consacre dans une « épître charmante ; c'est mettre la morale sous la protection de ce qu'il y a de « plus auguste et de plus vertueux sur la terre. »

(Article de M. Dussault, dans le *Journal des Débats* du 26 décembre 1814.)

La Religion, considérée comme l'unique base du bonheur et de la véritable philosophie ; par *madame la comtesse de Genlis.* Nouvelle édition, augmentée de quelques notes. 1 vol. in-12.   3 fr.

L'auteur de cet ouvrage a rassemblé et mis en ordre quelques extraits des livres sacrés et les réflexions qu'ils ui ont suggérées : il a réuni les principales preuves sur lesquelles le christianisme est fondé et les inconséquences , les erreurs, ainsi que les dangers de la fausse philosophie, qui ose attaquer la religion. Il est entré enfin dans le détail des qualités et des vertus qui constituent le véritable chrétien, et des devoirs que ce titre impose. La dernière édition, imprimée en 1790 , étoit depuis long-temps épuisée ; et , dans un temps où l'autorité souveraine ne veut réprimer que l'irréligion, la malveillance séditieuse et la licence . il nous a paru qu'on nous sauroit quelque gré de reproduire un livre dont les principes s'accordent parfaitement avec des vues si morales et si pures. Quoiqu'il ait été composé pour un prince du sang, les enfants de toutes les classes y trouveront des vérités utiles , et des principes qui conviennent à tous les hommes. L'auteur y a ajouté de nouvelles notes très curieuses; et nous avons desiré qu'il y joignît une lettre que M. le comte de Buffon, qui l'appeloi sa fille, lui écrivit, lorsque cet ouvrage parut pour la première fois en 1787. Cette lettre prouve que cet homme illustre désapprouvoit hautement les principes de la secte philosophique , dont il méprisoit également les intrigues et les coupables desseins.

COMMENTAIRES SUR LE THÉÂTRE DE VOLTAIRE, par *M. de La Harpe;* imprimé d'après le manuscrit autographe de ce célèbre critique, et approprié aux différentes éditions de ce théâtre. Recueilli et publié par ***. 1 vol. in-8.   6 fr.

L'éditeur de cet ouvrage est déja connu avantageusement des gens de goût par une excellente édition des Commentaires de Voltaire sur le théâtre de Corneille. On sait que La Harpe, dans son Lycée , n'a offert , pour ainsi dire , que la discussion morale des pièces de théâtre de Voltaire ; le Commentaire actuel en est la dissertation grammaticale et technique. C'est une des pièces intéressantes, recueillies à Ferney. Il fut écrit par l'auteur en marge d'un exemplaire de l'édition publiée à Genève par les Cramer en 1756, et Voltaire a mis son paraphe au bas de chaque remarque. On y reconnoît par-tout le goût, les principes littéraires, la doctrine de La Harpe et ce tour particulier de style qui le caractérise. Ce Commentaire est d'une utilité particulière pour les étudiants, pour les jeunes littérateurs, pour les étrangers qui s'appliquent à l'étude de notre langue, et d'un agrément général pour tout le monde. Il est tout à-la-fois le complément de la partie classique des ouvrages de La Harpe , et du théâtre de Voltaire.

SABINE , ou Matinées d'une dame romaine à sa toilette , vers la fin du premier siècle de l'ère chrétienne, pour servir à l'Histoire de la vie privée des Romains , et à l'intelligence des auteurs anciens; trad. de l'allemand de *C. A. Bottiger.* 1 vol. in-8 , fig.   6 fr.

L'auteur a ingénieusement imaginé que l'on pouvoit juger des mœurs d'un peuple par la toilette des femmes. Il a rassemblé tous les faits épars, concernant les soins que les beautés d'Athènes et de Rome donnoient à leur personne , les détails de la parure, de leurs passe-temps, de leurs caprices, et il en a formé un corps complet de documents en les attribuant à un seul personnage qu'il appelle Sabine. Bien que le sujet fût assez licencieux en lui-même , l'auteur a eu l'attention louable d'en écarter tout ce qui auroit pu alarmer la pudeur. Cet ouvrage , aussi instructif qu'agréable , plaira aux savants comme aux gens du monde : les uns y trouveront de l'érudition sans pédanterie , et il offre aux autres un utile délassement , une foule de tableaux d'un intérêt varié. La partie typographique est très bien soignée, et les planches au trait qui ornent ce volume sont d'une exécution parfaite.

HISTOIRE DE L'ORDRE DES AVOCATS et du Barreau du Parlement de Paris ; par *M. Fournel,* ancien avocat. 2 vol. in-8.   12 fr.

Cet ouvrage est distribué par siècles , à commencer du règne de saint Louis, et chaque siècle ensuite est partagé en deux titres, contenant chacun l'histoire du demi-siècle. Il renferme non seulement des recherches curieuses et utiles, mais encore une foule de rapprochements ingénieux, d'anecdotes plaisantes et de détails pleins d'intérêt sur les coutumes et les mœurs de nos pères, sur la conduite du Barreau françois au milieu des nombreuses révolutions qui ont agité la monarchie, sur les prétentions des papes qu'il eut à combattre, sur les révolutions qu'a éprouvées la jurisprudence, sur l'administration et les réformes de la justice, sur les hommes qui ont honoré la magistrature et le Barreau françois. Cette utile production doit entrer dans la bibliothèque de l'homme de goût : érudition aimable, philosophie tempérée, style correct et pur, telles sont les qualités qui la distinguent.

Du Gouvernement représentatif et de l'état actuel de la France; par *M. Guizot,* maître des requêtes au conseil d'État. 1 vol. in-8. 2 fr.

Essai sur l'Histoire et sur l'état actuel de l'instruction publique en France; par *F. Guizot,* in-8. 3 fr.

Du Gouvernement, des Mœurs et des Conditions en France avant la révolution, avec le caractère des principaux personnages du règne de Louis XVI; par *M. Senac de Meilhan,* ancien intendant de Valenciennes. 1 vol. in-8. 3 fr.

Auguste et Frédéric; par *mad. de B***,* auteur de la Suite d'un Bal masqué. 2 vol. in-12. 4 fr. 50 c.

Louise de Senancourt, par *mad. de T....,* auteur de Cécile de Renneville et de Marie Bolden. 1 vol. in-12. 2 fr.

Reclus (le) Norwége, roman traduit de l'anglois de miss Porter, par *mad. E. Debon.* 4 vol. in-12. 9 fr.

Évélina, ou l'Entrée d'une jeune Personne dans le Monde; par *Miss Burney,* trad. de l'anglois. Nouv. édit. 2 vol. in-12. 5 fr.

OUVRAGES DE MADAME LA COMTESSE DE GENLIS.

Adèle et Théodore, 3 vol. in-8. 15 fr.
— Le même, 4 vol. in-12. 10 fr.
Alphonse, ou le Fils naturel, 1 vol. in-8. 5 fr.
— Le même, 2 vol. in-12. 5 fr.
Alphonsine, ou la Tendresse maternelle, 2 vol. in-8. 10 fr.
— Le même, 3 vol. in-12. 9 fr.
Annales (les) de la Vertu, 3 vol. in-8. 18 fr.
— Les mêmes, 5 vol. in-12. 12 fr. 50 c.
Bélisaire, 1 vol. in-8. 4 fr.
— Le même, 2 vol. in-12. 4 fr.
Battuécas (les), 2 vol. in-12. 4 fr.
Botanique (la) historique et littéraire, in-8. 5 fr.
— Le même, 2 vol. in-12. 4 fr.
Chevaliers (les) du Cygne, ou la Cour de Charlemagne, 3 vol. in-8. 12 fr.
— Le même, 3 vol. in-12. 7 fr. 50 c.
Comte (le) de Corke, ou la Séduction sans artifice, suivi de sept Nouvelles, 2 vol. in-12. 4 fr.
Discours moraux sur divers sujets, 1 vol. in-8. 4 fr.
— Les mêmes, 1 vol. in-12. 2 fr. 50 c.
Duchesse (la) de la Vallière, 1 vol. in-8. 5 fr.
— Le même, 2 vol. in-12. 4 fr.
Feuille (la) des gens du monde, ou Journal imaginaire, 1 vol. in-8. 6 fr.

Herbier moral, ou Recueil de Fables nouvelles, etc. 1 vol. in-12.
2 fr.
Histoire de Henri-le-Grand, 2 vol. in-8.
12 fr.
— Le même, 2 vol. in-12.
6 fr.
Influence (de l') des Femmes sur la Littérature françoise, comme protectrices des lettres ou comme auteurs, 1 v. in-8. 6 fr.
— Le même, 2 vol. in-12.
5 fr.
Jeanne de France, nouvelle édition, 2 vol. in-12.
4 fr.
Madame de Maintenon, pour servir de suite à l'histoire de la duchesse de la Vallière, in-8.
5 fr.
— Le même, 2 vol. in-12.
4 fr.
Mademoiselle de Clermont. 1 vol. in-18.
1 fr. 20 c.
— La même, nouvelle édition, papier vélin, fig.
5 fr.
Mademoiselle de la Fayette, ou Siècle de Louis XIII. 2 v. in-12. 5 fr.
Maison rustique, pour servir à l'éducation de la jeunesse, ou Retour en France d'une famille émigrée, 3 vol. in-8.
18 fr.
Mères (les) rivales. 3 vol. in-12.
7 fr. 50 c.
Monuments (les) religieux, 1 vol. in-8.
3 fr. 60 c.
— Les mêmes, papier vélin.
7 fr. 20 c.
Nouveaux Contes moraux, et Nouv. hist. 4 vol. in-8.
24 fr.
— Les mêmes, 6 vol. in-12.
15 fr.
Nouvelle Méthode d'Enseignement pour la première enfance. 1 vol. in-8.
4 fr. 50 c.
— La même, in-12.
2 fr. 50 c.
Nouvelles heures catholiques, à l'usage de l'enfance, in-18.
1 fr. 20 c.
Petit (le) La Bruyère, ou Caractères et Mœurs des enfants de ce siècle. 1 vol. in-12.
2 fr. 50 c.
Petits (les Emigrés, ou Correspondance de quelques enfants, 2 vol. in-8.
8 fr.
— Les mêmes, 2 vol. in-12.
5 fr.
Religion (la) considérée comme l'unique base du bonheur et de la véritable philosophie. Nouvelle édition in-12.
3 fr.
Sainclair, ou la Victime des sciences et des arts, 1 vol. in-18.
1 fr. 25 c.
Siége (le) de la Rochelle, ou le Malheur et la Conscience, 2 vol. in-12.
5 fr.
Souvenirs de Félicie L***, 2 vol. in-12.
5 fr.
Tableaux de M. le comte de Forbin, ou la Mort de Pline l'ancien, et Inès de Castro, nouvelles historiques; par mad. la comtesse de Genlis. 1 vol. in-8.
5 fr.
Théatre d'Éducation. 5 vol. in-12.
12 fr. 50 c.
Théatre de Société. 2 vol. in-8.
10 fr.
— Le même, 2 vol. in-12.
5 fr.
Veillées (les) du Chateau. 2 vol. in-8.
12 fr.
— Les mêmes. 3 vol. in-12.
7 fr. 50 c.
Vie pénitente de madame de la Vallière. in-12.
2 fr.
Voeux (les) téméraires, ou l'Enthousiasme, 3 vol. in-12.
5 fr.

LIVRES DIVERS.

Bibliothèque (nouvelle) des Romans, dans laquelle se trouve l'analyse raisonné des Romans anciens et nouveaux, françois et étrangers, traduits dans notre langue, par une société de gens de lettres, composée de mad. de Genlis, de MM. Fiévée, Desfontaines, Deschamps, Moilin, etc. 112 vol. in-12. 175 fr.

Choix des lettres édifiantes, écrites des Missions étrangères, avec des additions, des notes critiques et un grand nombre d'observations, etc. ; par M. M***, 8 vol. in-8 de 500 pag. chacun. 48 fr.

— Les mêmes, papier fin d'Angoulême. 60 fr.

Cultivateur (le) anglois, ou œuvres choisies d'agriculture et d'économie rurale et politique, d'Arthur-Young, trad. de l'angl. par MM. Lamarre, Benoist et Billecoq. 18 vol. in-8, fig. 108 fr.

Dictionnaire (nouveau) des Synonymes de la langue françoise, contenant les synonymes de Girard, Beauzée, Roubaud, d'Alembert, etc., etc., précédé d'une introduction; par M. F. Guizot, 2 parties en un vol. in-8 de 1100 pages, caractère petit-romain, grande justification. 10 fr. 50 c.

Essais historiques sur les causes et les effets de la révolution de France, avec des notes sur quelques événements et quelques institutions, par L. S. Beaulieu. 6 vol. in-8. 30 fr.

Génie (du) des peuples anciens, ou Tableau historique et littéraire du développement de l'esprit humain chez les peuples anciens, depuis les premiers temps connus jusqu'au commencement de l'ère chrétienne, 4 vol. in-8. 24 fr.

Génie (le) de Virgile, ouvrage posthume de Malfilâtre, publié d'après ses manuscrits autographes, avec des notes et additions, par P. A. M. Miger, 4 vol. in-8. 25 fr.

Histoire de l'empire de Russie, sous le règne de Catherine II, et la fin du dix-huitième siècle ; par le révérend M. Tock, traduit de l'anglois, 6 vol. in-8. 27 fr.

Histoire de la décadence et de la chute de l'empire romain, traduit de l'anglois d'Edouard Gibbon; nouvelle édition entièrement revue et corrigée ; par M. F. Guizot, 13 vol. in-8. 91 fr.

OEuvres de Darnaud, contenant les Epreuves du sentiment, les Epoux malheureux et les Nouvelles historiques, 11 v. in-12. 27 fr.

OEuvres complètes de Mancini-Nivernois, 10 vol. in-8. 45 fr.

OEuvres complètes de Champfort, de l'Académie françoise, troisième édition, 2 vol. in-8. 10 fr. 50 c.

Tableau historique des nations, ou Rapprochements des principaux événements arrivés à la même époque sur toute la surface de la terre; par M. Et. Jondot, 4 vol. in-8. 24 fr.

Tableau de la Grande-Bretagne, de l'Irlande et des possessions angloises dans les quatre parties du monde, 4 vol. in-8, fig. 24 fr.

Tableau historique et pittoresque de Paris, depuis les Gaulois jusqu'à nos jours; contenant la description de tous les édifices anciens et modernes, et les événements les plus remarquables qui offrent quelques rapports avec ces monuments; accompagné de vues pittoresques et d'un grand nombre de plans et de cartes topographiques, dans lesquels on a suivi la division par quartiers. 3 vol., petit infolio de 6 à 700 pages chacun, avec une table générale des matières, en papier fin. 366 fr.